찾았다 꾀꼬리

# 찾았다 꾀꼬리

| | |
|---|---|
| 발행일 | 2023년 11월 22일 |

| | | | |
|---|---|---|---|
| 지은이 | 박재율 | | |
| 펴낸이 | 손형국 | | |
| 펴낸곳 | (주)북랩 | | |
| 편집인 | 선일영 | 편집 | 윤용민, 배진용, 김부경, 김다빈 |
| 디자인 | 이현수, 김민하, 임진형, 안유경 | 제작 | 박기성, 구성우, 이창영, 배상진 |
| 마케팅 | 김회란, 박진관 | | |

출판등록 2004. 12. 1(제2012-000051호)
주소　서울특별시 금천구 가산디지털 1로 168, 우림라이온스밸리 B동 B113~114호, C동 B101호
홈페이지 www.book.co.kr
전화번호 (02)2026-5777　　　　　　팩스　(02)3159-9637

ISBN　979-11-93499-56-6 03220 (종이책)　　979-11-93499-57-3 05220 (전자책)

부처님 말씀 따라
행복 찾아가는 깨달음의 길

# 찾았다 꾀꼬리

박재율 지음

북랩

　꾀꼬리란 우리가 늘 찾고 싶어 하는 그 무엇이다. 보통 사람
들의 꾀꼬리는 행복일 거고, 수행하는 사람들의 꾀꼬리는 마음
일 것이다. 흔히 행복의 새를 파랑새라고 하는데, 이는 벨기에의
극작가 마를 테 링크가 쓴 동화에서 어린 남매가 행복을 가져다
줄 것이라고 생각하고 찾아 나선 새가 파랑새이기 때문에 사람
들은 파랑새를 행복의 대명사처럼 생각들을 한다. 여기서 찾으
려는 꾀꼬리는, 가수 조용필의 "못 찾겠다. 꾀꼬리"라는 노랫말
을 생각해서 파랑새 대신 꾀꼬리라고 했다.

　이 노래가 나온 배경에는 사연이 있었다고 한다. 조용필 가수
가 젊은 시절 경봉 큰스님을 찾아가 인생의 가르침을 청하자 스
님께서 자네의 마음속에 있는 꾀꼬리를 찾아보라고 하셨다고 한
다. 집에 와서 아무리 마음을 뒤져보아도 꾀꼬리를 찾을 수 없어

답답해서 지어낸 노래가 바로 그 유명한 "못 찾겠다. 꾀꼬리"가 되었단다.

사람마다 추구하는 행복의 종류는 비슷한 것도 많겠지만 저마다 추구하는 행복은 사람 수만큼이나 많다고 할 것이다. 그러니 수없는 소설이 생겨나고 개개인이 살아가는 사연도 많고 매일매일 시끄럽고 번잡한 일이 벌어지는 게 인간 세상사다. 사람 수만큼 많은 사연을 일일이 열거할 수도 없고 따져볼 수도 없고 앞으로도 많은 사람들의 소설 재료로도 남겨두어야 할 것이니 여기서는 공통분모만 생각나는 대로 써볼까 한다.

사람은 누구나 행복하게 살고 싶어 하고 행복하게 존재하고 싶어 하기 때문에 끊임없이 추구하고 노력한다. 그것이 어떤 것이냐고 묻는다면 나름대로의 가치관에 따라 대답을 할 수야 있겠으나, 막상 그것이 이루어졌을 때 행복하냐고 묻는다면 아마 그 순간만큼은 그렇다고 대답할지도 모르지만 시간이 지나면 새로운 꾀꼬리를 찾아 헤매게 될 것이다. 사람의 마음은 참으로 욕심이 많고 권태도 빨리 느껴서 이미 획득한 행복은 오랫동안 누리지를 못하고 또 새로운 행복을 찾아 나선다. 서로 사랑한다고, 죽을 때까지 같이 살자고 결혼하고는 몇 년도 못 가서 헤어지고 또 다른 저 사람이 내가 찾는 그 꾀꼬리일지도 모른다고 찾아 나서는 일을 하는 게 사람이다.

우리가 찾는 꾀꼬리는 세월 따라 우리에게 다르게 다가오고,

다르게 생각되며, 찾았는가 하면 저 멀리 있는 것 같아 또다시 찾아 헤매는 게 인생살이인 것 같다. 꾀꼬리 찾는 인생 여정을 나름대로 한번 짚어보고자 졸필을 들어본다. 공자님은 인생 여정을 나이에 따라 15세에 지학, 30세에 이립, 40세에 불혹, 50세에 지천명, 60세를 이순, 70세를 종심으로 불렀으며 나이별로 자라는 정신의 과정을 설명했다. 공자님 같은 분도 나이에 따라 철드는 단계가 다 다름을 인정하시고 그 경계가 어떠한 건지를 일러주셨다. 명대 말기의 유명한 사상가 이지라는 학자는 50세 이전에는 남 따라 개처럼 덩달아 짖어대다가 지천명을 지나고 나서야 제 목소리를 낼 수 있었다고 『속 분서』라는 책에서 고백했다고 한다. 지적인 분들도 그러하거늘, 하물며 범부야 어디 감히 따라갈 수가 있을까마는 그냥 따라 해본다고 흉내를 내느라 한평생 바쁘게 살아갈 뿐이지만, 범부는 범부대로 각자 나름대로 자라온 과정이 다 다르므로 그래도 나름대로의 일가견은 가지고 살아간다. 그것이 위대하건 위대하지 않건 각자의 삶이 있으니까. 자, 내 나름의 꾀꼬리를 찾아 길을 떠나본다.

2023년 가을
박재율

차
례

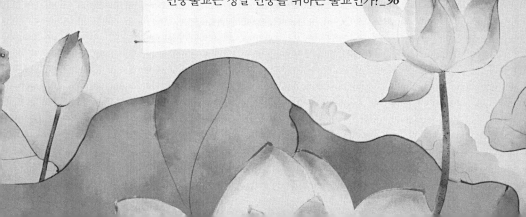

# 행복이란 무엇인가?

　행복이란 느낌으로 다가온다. 느낌은 인식하는 자의 주관적인 그 무엇이다. 그러므로 사람마다 행복의 기준과 느낌이 다 다르고 세월 따라 변해가기 마련이다. 인식이란 우리가 태어나면서부터 살아오는 동안 육식(六識)을 통해서 접한 온갖 정보를 자기 나름대로 정리해서 가지고 있는 우리 삶의 필수적인 요소로서 작용한다. 그 인식이 느낌이라는 감정으로 나타나 내 마음을 지배한다. 갓 태어날 때는 본능적인 인식만 가지고 있다. 태어나자마자 울음을 터뜨린다. 따뜻한 배 속에 있다가 갑자기 환경이 바뀌니 살아야 한다는 본능으로 우는 거다. 시간이 지나면 또 운다. 배가 고파서 우는 거다. 먹어야 산다는 본능이 작동한 거다. 시간이 흘러감에 따라 오관을 통해서 인식의 범위가 자꾸 확장되어간다. 엄마의 얼굴을 익히고 말소리를 익히고 엄마의 젖

냄새를 맡고 젖의 달콤한 맛을 느끼고 엄마의 따뜻한 품을 느끼며 자라간다. 이때도 오관이 충분히 만족하면 방실거리면서 잘 놀고 잘 자라는데 어느 하나라도 부족하면 울고불고 난리를 피운다. 만족이 행복이요 부족이 곧 불행인, 가장 단순한 행복의 시절이다.

좀 더 자라면서 더 많은 정보를 접하게 되고, 행복의 기준은 달라지기 시작한다. 자라면서 접하게 되는 모든 정보를 받아들이면서 그것을 인식하는 우리의 의식 발달이 하나하나 쌓이면서 자아가 형성되고, 각자가 추구하고 찾게 되는 꾀꼬리가 마음속에 자리 잡게 된다. 그 과정을 세세하게 다 말할 수야 없다. 다 말한다면 그 사람 인생 전체가 될 것이니. 그렇지만 중요한 과정은 대충 짚어볼 수 있으니 여기서는 한 인간의 성장 과정을 살펴보면서 어떠한 정보를 접하며 어떻게 의식이 형성되고 내가 되어가는지를 살펴보고자 한다.

# 내가 되어가는 역사

　로마는 하루아침에 이루어지지 않았다는 유명한 말이 있다. 로마만 그러하랴. 모든 것은 시시각각 이루어지고 그것들이 쌓여서 역사가 되고 그것들이 되어간다. 개인도 그러하고 국가도 그러하고 모든 존재는 다 어제가 있었고 오늘이 있고 내일이 있어서 이루어져간다. 내가 이루어진 역사를 한번 보여드리고자 부끄러움을 무릅쓰고 나의 역사를 써보고자 한다.

　나는 어느 날 세상에 태어났다. 태어나자마자 추워서 울었다. 목욕을 시켜주어 물의 감촉도 느끼고 곧 엄마가 젖을 물려주어 젖 맛도 알았다. 지금부터 내가 하는 이야기는 내가 그 당시에는 느끼고 체감했던 것이겠지만 기억이 안 나기 때문에 정확하게 말하면 나의 경험을 기억해서 하는 이야기가 아니고 내 동생들이나 내 아이들이나 내 손주들의 커가는 과정을 지켜본 관찰을

토대로 나도 그 당시에는 그러했으리라는 생각을 말하는 것이다. 대개 개인의 기억은 오륙 세부터 드문드문 단편적으로 기억되고 확실하게 연속적인 관계를 기억해내는 나이는 일곱 살 이후가 되어야 하는 것 같다. 나도 여기서 오륙 세 이전의 행동이나 생각은 내가 육아를 한 아이들을 관찰해서 내가 생각하는 것처럼 말하고 칠 세 이후의 생각은 오롯이 내 옛날의 기억들을 불러내서 쓴 것임을 밝혀둔다.

태어난 후 며칠이 지나면 엄마 얼굴도 알아보고 젖을 주면 기분이 좋고 젖을 늦게 주어 배가 고프면 울어서 의사 표시를 한다. 엄마가 옹알이를 시켜주면 따라 해보려 하기도 한다. 아빠가 이름을 지어서 불러주니 그놈이 나라고 사람들은 생각하겠지만, 아직은 내가 그놈인지 나는 모른다. 그래도 자꾸 불러주니 나를 부르는 소리구나 하고 인식하기 시작한다. 백일쯤 지나니 나를 부르는 줄 알고는 옹알이로 대답을 한다. 어른들은 그게 좋아서 자꾸 옹알이를 시키고 점점 인식의 범위가 넓어져간다. 뒤집고 기면서 손에 잡히는 것은 무엇이든지 입에 가져가서 이게 무엇인지 확인하기 위해 씹어보기도 하고, 앉고 서고 걷게 되면서 접하는 사물도 늘어나니 나의 인식의 범위도 나날이 늘어간다. 좋은 것과 싫어하는 것도 알게 되어 좋으면 방실거리고, 싫으면 울고 떼를 쓰기도 한다. 나를 좋아해주는지 미워하는지도 알고, 안아달라고 애교를 부리기도 하고 매달리기도 한다. 맛있는 걸 주면 잘 받아먹고 맛이 없으면 뱉어버려 맛기도 해서 눈치가 생기기 시작한다. 눈에 익숙한 것에는 금방 권태를 느끼고 새로운 걸 찾아 헤맨다. 끊임없이 새로운 장난감을 달라고 하고 새로운 구경거리를 보여달라고 보챈다. 아기 돌보는 사람들이 제일 힘들어하는 일이 아기가 심심치 않게 놀아주는 것이다. 새로운 장소, 새로운 사물을 끊임없이 보여달라는 것은 살아가기 위한 본능적인 정보의 축적이기 때문이다.

좀 더 자라서 두 돌 반이나 세 돌쯤 되면 말을 하기 시작한다. 이때부터 의사 표시를 하게 되니 내가 요구하는 사항도 많아진다. 대화가 되니 엄마가 안 된다고 하면 양보도 하고 고집을 꺾기도 한다. 이때 주고받았던 대화 내용이나 당시의 분위기는 나중에 기억으로 남는 것은 하나도 없고 상대하던 어른이 이야기해주니 내가 그랬었구나 하고 짐작할 뿐이다. 그래도 그때그때 받아들였던 모든 정보는 내 잠재의식에 나도 모르게 다 저장되기 때문에 할 수 있는 한 나에게 좋은 정보가 저장되도록 좋은 모습이나 좋은 소리를 들려주어야 할 것이다. 동생이나 언니가 있으면 경쟁심도 생기고 질투도 일어나서 다투기도 하고 싸우기도 한다. 서로 잘 보이려고 애교도 부리고 아양도 떨 줄 안다. 점점 자아가 발달하기 시작한다. 인간의 기본 욕심인 탐욕심이 일어나서 좋아 보이는 것은 뭐든 내 소유로 하려고 하고 그게 안 되면 성질을 부리고 행패를 부리기도 한다.

조금 더 자라서 사오 세가 되면 어린이집에 간다. 또래들이 많아지니 좋기도 하지만 경쟁심이 생겨 시기와 질투도 늘어난다. 관심을 끌려고 터무니없는 거짓말도 하게 되고 억지를 부리고 야단을 맞기도 한다. 선생님이나 엄마에게 비록 야단을 맞더라도 잠깐이나마 관심을 독차지하는 심보가 작용하여 일부러 시비를 걸기도 한다. 낯선 친구를 만나면 처음에 서먹하게 지내다가 차츰 친밀도가 늘어가면 친구가 되어 잘 지내게 된다. 친구들과 놀이터에 가서 그네도 타고 시소도 타며 온갖 놀이기구를 다 타고 게임도 하며 즐겁게 놀기도 한다. 이제는 싸우는 것보다 잘 지내는 것이 더 좋다는 걸 알게 된다. 나날이 자아가 굳어지며 나와 남의 경계가 뚜렷하게 형성되어 막연하게나마 내가 나라는 걸 느끼게 되어간다. 누군가 내 이름을 부르면 내가 대답하니 그게 나고, 온갖 오감을 다 내가 느끼니 내가 틀림없다. 엄밀히 따지면 지금까지 들어온 정보의 합산으로 이루어진 의식의 총화가 나라고 인식되는 것이겠지만, 그냥 나라고 느끼고 나라고 생각하고 살아간다.

좀 더 커서 유치원에 가고 초등학교에 가면 받아들이는 정보가 점점 많아지고 인식도 따라서 확장된다. 사람마다 살아가는 환경과 교육이 다 다르니 형성되는 자아도 다 다르고 80억 인구 모두가 나라고 하면서 살아간다. 이전에 살았던 모든 사람들도 그러했고 앞으로 올 사람들도 그러하고 우주의 그 어디에도 똑같은 나는 없다. 일란성 쌍둥이도 다 각각 나로서 살아간다. 여섯 살 이후의 기억은 생각나는 게 많으니 나 나름의 살아왔던 길, 즉 어떠한 환경을 접하고 무엇을 보고 느끼고 배우고 생각하고 반응하고 살아왔는지, 어떻게 그러한 모든 것들이 내가 되어 왔는지 기억나는 대로 생각나는 대로 느꼈던 대로 써보고자 한다. 그게 바로 나고, 나라고 생각하는 것이기 때문에.

나는 시골에서 태어나 고등학교를 졸업할 때까지 시골에서 살았다. 여섯 살쯤에는 밥만 먹고 나면 골목에서, 마당에서, 친구 집에서, 우리 집에서 친구들이랑 숨바꼭질도 하고 다투기도 하고 달리기도 하고 딱지치기도 하고 자치기도 하며 놀았다. 여름이면 소를 몰고 산에 가서 소는 산으로 올려 보내 풀을 뜯게 하고 우리는 개울에서 물놀이도 하고 목욕도 하고 첨벙거리며 놀았다. 그러다 보면 옷을 다 적셔 엄마한테 야단도 맞았다. 농사용 밭갈이 소는 대개 암소를 기른다. 암소는 성질이 온순하여 여섯 살짜리 아이가 끌어도 잘 따른다. 나도 이제 식구로서 한몫한다고 생각이 들기도 하지만, 어른들이 시키니 할 수 없이 한다마는 아이들이야 그냥 노는 게 제일 즐겁다. 시골에서 태어나서 시골에서 살면 할 수 없이 해야 하는 일이다.

한번은 나보다 한 살 많은 여자애 집에 놀러 갔는데 그 애 엄마 아빠가 다 일하러 가서 우리만 놀게 되었다. 어둑한 방에서 노는데 ─시골집의 방은 문도 작고 창문도 거의 없어서 늘 어두컴컴하다— 우리는 갑자기 이성에 대한 호기심이 발동하여 어른 흉내를 내보기로 했다. 나는 바지를 벗고 그 애는 치마를 벗고 막 어른 흉내를 내보려고 서로에게 다가가는 순간 사립문을 들어서는 그 애 엄마의 발자국 소리에 깜짝 놀라 우리는 얼른 옷을 도로 입고는 아무 일도 없었다는 듯 시치미를 뚝 떼고 밖으로 나왔다. 나중에 커서 학교에서 남녀 칠세 부동석이란 말을 배우고 나서야 그 의미를 실감할 수 있었다. 본 적도 없고 배우지 않고도 아는 게 본능인 걸 나중에야 알았다. 아이들은 금방 다른 일에 집중하기 때문에 그 사건은 금방 잊어버리고 그 후로 같은 일은 되풀이되지 않았지만, 이성에 대한 감정의 한 부분을 잠재적으로 가지는 하나의 계기가 되었을 것이고, 나중에 알게 모르게 나의 이성관에 영향을 미쳤을지도 모른다.

어느 날 아버지한테 처음으로 매를 맞았다. 무얼 잘못해서 매를 맞았는지는 오래돼서 기억은 안 나지만 때리는 아버지가 무서웠다. 그 이후에는 한 번도 매를 맞지 않았으니 내 나름대로 조심을 많이 한 것 같았다. 사랑의 매는 그래서 필요한지도 모른다. 할아버지는 점잖게 행동해야 한다고 가끔 야단을 치신다. 내가 까불고 채신머리없이 행동한다고 나무라면서 남자는 점잖게 행동해야 한다고 강조하신다. 자주 강조를 하고 야단을 치시니 애늙은이가 되어 활기가 떨어져 친구들보다 활발하게 놀지 못하고 점잔을 뺀다고 또래들보다 적극성이 떨어지기도 했다.

할아버지는 내가 과잉 행동을 하여 남에게 욕먹는 행동을 할까 봐 걱정이 되시나 보다. 그래도 아이의 본성은 활발하게 노는 게 체질에 맞아서일까, 할아버지가 안 보이는 곳에서는 친구들한테 뒤지지 않게 잘 놀기도 했다.

일곱 살에 초등학교에 입학했다. 개인들의 살림도 가난했지만 나라도 가난했던 시절이라 학교의 살림살이도 무척이나 어려웠던 시절이었다. 우리 학교는 분교였고 본 교사 건물이 두 칸짜리 기와집인데 한 칸은 3학년, 또 한 칸은 4학년이 쓰고 선생님 사무실은 복도에 이어 붙인 조그만 통로에 책상을 놓고 선생님 네 분이 근무하셨다. 우리들이 공부하는 1학년, 2학년 교실은 양철 지붕에 바닥은 판자로 깔았는데 책상도 걸상도 없고 앉아서 선생님 말씀을 듣고 글을 쓸 때는 구부려서 썼다. 겨울에는 난로를 피웠는데 땔감은 솔방울이다. 가을이면 모두들 산에 가서 솔방울을 주워 와서 겨울을 대비한다. 지금과 비교하면 열악하기 그지없지만 그 당시에는 더 나은 곳이 없고 비교할 데도 없으니 그저 그냥 적응해서 살아가는 것이다.

입학하고 나서 얼마 지나지 않아 육이오 전쟁이 터졌다. 어렸기 때문에 전쟁의 심각성은 몰라도 막연한 두려움은 생겼다. 동네 청년들이 입대를 하고 동네 어른들이 그 청년들의 무운 장구를 빌어준다고 술잔치를 벌이기도 하고 비행기가 굉음을 내고 자주 날아다니고 조금 더 지나니 피난민들이 하나둘 나타나서 구걸을 하고 다녔다. 우리들도 피난을 가야 한다고 하면서 옷가지도 챙기고 미숫가루도 만들고 준비를 했는데 다행히 낙동강 방어선을 지켜내신 국군들 덕택에 우리는 피난을 가지 않아 전쟁의 참상을 면할 수 있었다.

학교에 다니니 친구가 많아져서 좋기도 하지만, 처음에는 다른 동네 아이들과는 초면이라서 서먹해들 했다. 하지만 아이들은 금방 친해지는 천성이 있는지라 곧 어울려 같이 놀기도 하고 다투기도 하면서 쉬는 시간에는 노는 데 정신이 팔려 신이 났다. 공부보다 노는 게 재미있어서 학교 가는 것이 즐거웠던 시절이었다. 한번은 운동장에 세워놓은 놀이용 막대기에 친구와 함께 누가 더 오래 매달리는지 시합을 하다가 그만 떨어지고 말았다. 본능적으로 땅바닥을 짚었는데 체중이 다 실리니 그 충격이 커서 팔뚝이 금방 퉁퉁 부어올랐고 팔을 펼 수도 없었다. 선생님이 조퇴를 시켜주어서 집에 오니 할아버지가 내 다친 팔과 내 이야기를 들으시고는 팔이 빠져서, 즉 탈골이 되어서 그럴지도 모른다면서 내 팔을 잡고는 세게 당겨서는 밀어 넣고 하기를 세 번쯤 하시고는 좀 어떠냐고 물으신다. 나는 너무 아파서 초죽음이 되어 소리소리 지르고 펑펑 울어댔다. 엄마는 옆에서 보시고는 혼잣말로 아픈 애를 더 아프게 한다고 안쓰러워하시며 어쩔 줄 몰라 하신다. 나는 몇 시간 동안 너무 아파서 엉엉 울어대다가 나중에는 지쳐서 드러눕고 말았다. 시간이 지날수록 아픔은 덜한

데 부기는 심해서 팔이 통통 부어올랐다. 할머니는 민간요법으로 식초에다가 닭똥을 버무려 바르면 부기가 가라앉는다고 하시면서 팔에다가 닭똥 식초 즙을 바르고 헝겊으로 감싸주신다. 하룻밤 자고 나니 통증도 덜하고 부기도 좀 가라앉는다. 내 몸의 자연 치유력 때문인지 닭똥 즙 덕분인지 모르지만 좀 나아서 며칠간 그렇게 지내고 있었다. 어른들이 왜 읍내 병원에 데려갈 생각들을 안 하셨는지 지금도 궁금하다. 경제적인 문제인지, 생활 습관 때문인지 모르겠다.

그러던 어느 날 단골 돌팔이 의사가 마을에 왔다. 그 당시에는 의사 면허도 없이 가방에 간단한 의료 장비와 약을 넣어 가지고 이 마을 저 마을을 정기적으로 다니며 아픈 사람을 치료해주면서 생계를 유지하는 돌팔이 의사가 있던 시절이었다. 내 팔을 보더니 그냥 두면 안 된다면서 주사를 한 대 맞아야 된다고 한다. 할아버지가 허락하셔서 주사를 한 대 맞았다. 하룻밤 자고 났더니 신통하게도 통증도 가라앉고 부기도 빠져서 거의 다 나았다. 주사를 한 대 더 맞아야 확실히 낫는다면서 한 대를 더 놔주고 의사는 다음 마을로 떠났다. 정말 기적같이 낫게 해주는 신통한 주사는 다름 아닌 페니실린 주사였다. 이 기적의 약은 발명된 지 그리 오래되지 않았지만 해방 후에 보급되기 시작하여 동란이 일어나자 미국을 통하여 급속도로 보급되어 시골 돌팔이 의사도 처방하는 약이 되었고 덕택에 나도 큰 고생 안 하고 팔이

다 나았다. 먼 옛날 같았으면 한 달도 더 고생하고도 상당한 불편을 감수하고 살았을 텐데 시절을 잘 만나 깨끗하게 잘 나아 평생 그 팔로 인한 고생은 안 하고 살아갈 수 있었다. 역시나 사람은 언제 어디서, 어떤 환경에서 살아가느냐에 따라 사는 게 결정된다.

분교 생활 4년도 개구쟁이 시절과 함께 금방 지나가고 5학년이 되어서 본교로 전학을 가게 됐다. 집에서 학교까지의 거리가 십 리 길도 더 되어서 일찍 집을 나서야 하니 자연히 부지런해지게 되었다. 분교 출신의 친구들과는 등하교 시 오랜 시간 같이 걸어가니 더 돈독한 정이 생기고, 본교의 친구들은 새로 사귀게 되니 서먹하지만 시간이 지나면서 차차 정이 들어 학교생활이 재미있어질 즈음 담임 선생님이 군 입대를 하는 바람에 우리들은 그만 버림받은 자식 꼴이 되고 말았다. 주로 자습을 하게 되었고 가끔씩 옆 반 선생님이 오셔서 지도를 해주시곤 했는데 선생님이 가시고 나면 공부를 하는 둥 마는 둥 장난으로 시간을 보내면서 오 학년을 보내고 육 학년을 맞이하게 되었다.

반이 새로 짜이면서 여자아이가 짝꿍이 되었다. 왠지 모르지만 그 애하고는 친밀감이 생기지 않아 자주 다투고는 했다. 둘이서 같이 쓰는 책상에 가운데 줄을 그어놓고 서로 침범하면 밀쳐내며 영역 다툼도 자주 하고 서로 미워했다. 아직은 이성에 대한 관심이 없는 때라서 그랬던 것 같다. 담임 선생님은 젊으셔서 그런지 열성을 가지고 가르쳐주었는데 너무 엄격한 면이 있었다. 한번은 친구들 두어 명과 방과 후에 교실 청소를 끝내고 장난을 치고 놀았는데 교무실이 멀지 않아서 그런지 담임 선생님이 듣고는 오시더니 집합을 시켜놓고 시계를 풀어 책상에 놓고는 우리들에게 따귀를 올려붙이기 시작했다. 그렇게 세게 호되게 맞아보기는 난생처음이라 아프기도 하고 무섭기도 했다. 금방까지 동무들과 신나게 놀다가 졸지에 지옥으로 돌변했다. 행복과 불행은 순간적이란 게 실감이 났다. 자기 반 애들의 풍기가 문란해 보이는 게 다른 반 선생님들에게 체면을 구긴다고 생각했는지는 몰라도 지금도 그때가 생각나면 울적해진다. 불쾌한 선생님 얼굴이 화가 나서 그랬는지 술 냄새가 풍겨서 그랬는지 모르겠지만.

어느 날 사, 오, 육 학년 모두를 모이라고 하더니 학교 옆 조그만 동산을 아래에서 포위해 산 위로 올라가면서 토끼몰이를 했다. 산토끼 너댓 마리를 잡았는데 그 토끼들이 어떻게 되었는지는 관심이 없고 토끼몰이를 하는 재미는 있었다. 가을이 되어 가까운 산으로 소풍을 갔는데 점심을 먹는다고 도시락을 꺼내서 젓가락질을 하는데 그만 도시락을 떨어뜨려 밥이 쏟아지면서 풀밭을 몇 번 구르니 검불이 너무 많이 묻어 도저히 먹을 수가 없었고 씻을 물도 없어서 그만 버리고 말았다. 점심을 꼬박 굶고 가져간 간식도 없어서 소풍을 끝내고 집으로 올 때는 배가 엄청나게 고팠다. 부잣집 아들인 친구는 간식으로 비스킷을 가지고 왔는지 혼자서 먹어대고 있었다. 부러운 눈으로 쳐다만 보았지, 자존심 때문에 좀 달라고 해보지도 못하고 침만 삼키면서 집에 와서는 배도 고프고 전후 사정을 엄마에게 이야기하니 안쓰러워 하시는 엄마 말씀에 왠지 서러워서 엉엉 울던 기억도 생생하다.

나의 할머니는 시골의 평범한 여인들이 다 섬기는 부처님의 팬이다. 삼십 리도 더 가야 하는 만어사라는 절에 공양미를 머리에 이고 가시면서 땅에 놓으면 안 된다는 원칙을 지키며 가시는 분이다. 가까운 암자에도 인연을 맺어 섣달그믐에는 삼촌과 나를 꼭 보내어 부처님께 절하고 오게 했다. 할머니 덕분에 불교가 무엇인지 잘 모르면서도 일찌감치 불교를 접하게 되었다. 어릴 적 겪었던 수많은 기억들을 다 열거할 수도 없고 내 인생, 내 인격에 영향을 미쳤던 것만 대충 적어본다.

그럭저럭 초등학교를 졸업하고 중학교에 가게 되었다. 읍내에는 중학교가 네 개 있었는데 그중 제일 큰 중학교에 가게 되었고 한 학년에 육 학급이 있는데 한 학급에 육십 명이 정원이었다. 시골에는 없는 전깃불을 처음 보고는 신기해하던 기억이 지금도 생생하다. 해가 지면 전기를 주고 자정이 되면 꺼버려 밤에는 시골이나 다름없이 깜깜했는데 특선이라고 항상 전기를 공급해주는 곳도 있었다. 숙식은 고등학교 졸업반인 삼촌과 함께 방을 얻어 자취를 하면서 해결했다. 숯불 화덕을 사용하여 밥도 하고 국이나 찌개를 끓이고 밑반찬은 엄마가 해준 것으로 먹었다. 일 년을 자취하는 동안 할머니가 한 번 다녀가시고 엄마는 한 번도 못 오셨다. 자식이 애처로워 오고 싶었겠지만 할아버지 허락 없으면 며느리는 꼼짝도 못 하던 시절이었다.

중학생이 되니 과목마다 가르치는 선생님이 계시고 저마다 자기가 가르치는 과목이 중요하다고 강조하신다. 읍내 아이들이 텃세를 부린다고 시골 아이들을 약간 깔보기도 했지만 시간이 지나면서 친해지니까 사이좋게 지내게 되었다. 여름이 되니까 아이스케이크를 처음 먹어보게 되었다. 팥물에 설탕을 넣어 막대기를 꽂아 얼린 것으로, 달고 시원해서 처음 보는 촌뜨기로서는 대단히 맛있는 얼음과자였다. 밥 짓기 싫을 때는 삼촌이 중국식당에 데려가서 짜장면을 사주기도 해서 처음으로 그 맛을 알았고 밥을 사서 먹을 수도 있다는 걸 알았다.

이 학년이 되자 삼촌은 고교를 졸업해서 대학에 갔고 나 혼자서 자취를 할 수가 없어 하숙을 했다. 하숙집에 나보다 두 살 많은 삼 학년 형이 있었는데 전도관이라는 교회에 다니고 있었다. 나를 데리고 함께 예배를 보러 가자고 하여 뭐 하는 곳인지 궁금해서 가보았더니 교인들이 마룻바닥에 앉아서 손뼉을 치고 노래를 부르고 기도하고 왁자지껄하였다. 노래는 찬송가라는 걸 처음으로 알았다. 절은 조용해서 조용하면 '절간 같다'라는 말이 있는데 교회는 이렇게 시끄럽게 행사를 하는 줄 처음 알았네. 다른 교회는 가본 적이 없어서 뭐라 비교해서 말할 수 없지만 이 전도관이란 교회는 조금 요란한 것 같다. 교주가 설교를 하면서 가끔씩 성경책을 담는 나무 상자로 탁자를 내리치면서 강조를 하기도 하고, 기도를 하라고 하고는 기도가 끝나면 여기 몇 분한 테 성령이 내려오는 걸 보았다고 했다. 누구라고 꼬집어 말하지 않으니 모두가 내게 온 건가 하고 기대를 갖게 하기도 했다. 그 형이 나더러 계속 가자고 하여 몇 번 따라갔지만 내게는 와닿지를 않아 심취하지 않았다. 그러다가 그 형이 감기에 걸려서 교회를 못 나가니 교회 간부가 찾아와 성령수라고 내놓으며 이것을 먹으면 감기가 나을 거라고 하며 먹인다. 그걸 받아먹은 후에 며칠 지나자 감기가 나아갔다. 마치 그걸 먹고 나은 것처럼 신기해하는 형을 보고 나는 속으로 우습다는 생각이 들었다. 감기는 약 먹으면 일주일 만에 낫고, 약 안 먹어도 이레 만에 낫는다는 말도 있는데. 나중에 돌아다니는 말에 그 성령수가 교주가 세수한 물이라는 말도 있었다. 세월이 지나고 보니 오대양 사건이나 다미선교회나 일본의 옴진리교 같은 유사 종교들의 포교 행적이 비슷비슷한 데서 인간의 심리가 얼마나 가스라이팅 되기 쉬운지 절감했다.

학교에서 방과 후 처음으로 특활반을 모집하는데 그 형이 기체반으로 등록하자고 해서 나는 기체반이 화학 실험을 하는 건 줄 알고 지원했는데 나중에 알고 보니 기계체조반이라 당황했지만 어쩔 수 없이 따라가게 되었다. 썩 내키지는 않았지만 어찌할 수도 없어 따라 하게 되었더니 그런대로 체력 단련이 되고 기술도 늘어나서 나중에 살아가면서 건강을 챙기는 데 도움이 되었다. 중3이 되니 고교 입시 준비를 걱정하게 되었는데 공부를 잘하거나 집안이 부유한 친구들은 대도시의 고교를 목표로 하고 나름대로 열심히들 하고 있어서 나도 덩달아 그래보겠다고 따라 했지만, 막상 고교를 선택하게 되었을 때 나는 읍내 생활에도 아직 적응을 못 한 것 같은데 도저히 대도시는 가볼 엄두가 나지 않아서 그냥 읍내에서는 제일 좋다는 농잠고등학교에 지원하고 말았다. 농잠고등학교에서 고교 생활을 시작했는데 일 년이 지나자 실업고등학교로 명칭이 변경되고 학교에서 대학을 진학하겠다는 학생들만 뽑아 진학반을 꾸린다고 하여 나도 지원했다.

고등학교에 진학하자 하숙집을 옮겼는데 이웃집에 나와 나이가 비슷한 여자애가 동생을 안고 하숙집 밥하는 여자애와 친구라면서 자주 찾아와 놀고는 했는데 나에게 자주 말을 걸고는 친밀하게 지내고 싶어 하는 것 같았지만 나는 별 호감이 가지 않았고 오히려 그녀의 동생인 초등학교 졸업반인 여자애한테 더 호감이 갔다. 그 애는 어리지만 내 눈에 아주 예뻐 보여 은근히 좋아했지만 고교생이 초등생을 좋아하는 것을 남이 보면 우습게 생각할 것 같아 그냥 지나가는 인연으로 생각하고 학교 공부나 열심히 하기로 했다.

고등학교 이 학년 때 4·19 혁명이 일어났다. 평소 고등학생들이 무서워서 쳐다보지도 못하던 경찰서에 군중들이 몰려가서 주먹을 들이대고 소리를 지르고 법석을 떨어댔다. 나는 정말 아무것도 모르고 그렇게 휩쓸리는 것은 우스운 것 같아 아예 참석도 하지 않았다. 곧 혁명이 성공하여 대통령이 물러나고 커다란 정치 변혁이 있었지만 나에게는 아무 감동도 일어나지 않았고 공부를 좀 더 열심히 하여 성적을 더 향상시켜야겠다는 생각밖에 없었다.

학교에서 우리들의 체력을 위해 배구장을 만들려고 공사를 했다. 터 닦기를 하는데 콘크리트로 만든 커다란 롤러를 여러 명이 달려들어 굴리고 다니다가 구십 도로 방향 전환을 하려는데 아무리 끙끙대도 쉽게 되지 않았다. 용을 쓰면서 쩔쩔매고 있는 우리들을 지나가시는 교감 선생님이 보시더니 나뭇가지를 꺾어와서 롤러 아래에 넣어주면서 돌려보라고 하신다. 너무나 쉽게 방향 전환이 일어나서 크게 감동을 느꼈다. 아, 이게 지식이고 지혜로구나. 머리가 나쁘면 손발이 고생을 한다는 말이 바로 이 뜻이구나. 무식한 놈 아무리 많아도 지혜로운 한 사람만 못하구나. 리더가 중요하다더니 정말 그렇구나 하고는 그날 이후 무슨 일이 생기면 해결책을 깊게 생각해보는 버릇을 가지게 되었고 그 선생님을 항상 고맙게 여기게 되었다.

고등학교 일 학년 추석날 그 유명한 태풍 사라호가 지나갔다.

추석을 집에서 보내고 태풍이 지나간 다음 날 읍내 하숙방에 갔더니 홍수가 지나가면서 벽을 허물어뜨리고 책상 한 개만 달랑 남기고 책이랑 이불이랑 옷가지를 몽땅 쓸어가버려 방 안에는 흙만 잔뜩 쌓여 있었다. 기막힌 상황에 억장이 무너져서 어찌할 바를 모르겠는데 다행히 수해를 입지 않은 읍내에 사시는 당숙께서 아시고는 당분간 우리 집에 와 있으라 해서 그리로 갔다. 숙식은 해결이 되었는데 교과서가 없으니 친구 것을 함께 보면서 공부하려니 불편했다. 부산에 계신 대학생 삼촌께서 헌책방에 가서 국어, 영어, 수학 책을 구해주셔서 그나마 다행이었다.

이 학년이 되니 화학과 물리를 배우고 수학도 해석과 기하로 나누어졌는데 해석은 함수와 미적분이 너무 어려워 재미가 없었다. 화학은 선생님이 설명을 재미있게 해주셔서 금방 이해가 되어 화학은 마법과 같은 것이라 생각하며 혹하게 되었다. 겨우 백여 가지 원소가 이리저리 만나고 붙어서 온갖 물질을 만들어내니 얼마나 신통한 학문이냐는 생각이 들어 이걸 평생 연구하고 싶어졌다. 물리는 선생님이 어렵게 설명해서 이해도 잘 안되고, 몰라도 살아가는 데 지장이 있는 것도 아니라서 꼭 배워야 하나 싶은 생각도 들고, 수학도 점점 어려워지면서 미적분도 배우는데 이걸 왜 배워야 하는지 이유를 설명해주지 않고 그냥 수식만 풀어대니 개념이 안 서 있는데 이해가 될 리가 만무하다. 세월이 지나 대학에 가서 수학을 전공하는 친구에게 미분은 왜 하고 적분은 왜 하느냐고 물어보면 개념을 제대로 알고 있는 사람이 별로 없는 것 같았다. 뉴턴이 사과가 떨어지는 걸 보고 만유인력 법칙, 즉 중력의 법칙을 알아내어 이를 수식화하고 그 과정에서 미분과 적분을 만들어냈다고 하지만 나에게는 흥미가 나지 않았다. 중력의 법칙을 몰라도 사과는 땅에 떨어지고 나는 그걸 주워 먹을 수 있는데 하고 중얼거리면서 물리와는 거리가 멀어졌다.

그래도 대학에서 화학 공부를 하자니 늘상 물리와 미적분이 골머리를 앓게 했다. 어렵고 재미없었지만 학점 때문에 안 할 수도 없어 끙끙대며 씨름했던 날이 지나고 나니 추억이 됐다. 훗날 미분, 적분을 가장 실감나게 하는 문장을 하나 발견했는데 그게 바로 의상대사가 지은 법성게의 한 구절이다. '무량원겁 즉일념 일념즉시 무량겁' 즉, '무한한 시간도 한순간의 생각이고 한순간의 생각이 무한한 시간이다'라는 데서 나는 비로소 미분, 적분의 개념을 바로 이해할 수가 있었다.

각설하고, 삼 학년이 되니 공부는 점점 어려워지고 공부할 환경이 마땅찮아 여러 번 하숙집도 옮기고 해도 공부에 열중할 환경을 찾기가 쉽지 않았다. 시골의 학교에는 도서관도 없고 지방의 소도시에는 공공 도서관도 없던 시절이었다. 예나 지금이나 대도시에 비해서 지방은 여러 가지로 여건이 부족하다. 그럭저럭 시간이 흘러가다 보니 어느 듯 대입자격고사를 치를 날이 오고 시험 결과는 역시 변변치 못한 성적으로 나왔다. 내가 가고 싶어 하는 화학과는 지망할 수 있는 점수인데 아버지께서 적극 권하시는 약학과는 점수가 미달되어 지망할 수 없었다. 아버지는 당시 약국이 안정된 직업이고 몸도 약한 너에게 알맞은 직업이라면서 꼭 약학대학에 가라고 하신다. 부모는 자식이 편하고 안정된 직업을 가지기를 바라지만 그렇게만 살아가는 게 무슨 의의가 있을까, 자기가 하고 싶은 일을 하는 게 더 잘 살아가는 삶이 아닐까 하는 의문이 들어 넌지시 의견을 비쳐보아도 그 길이 너한테 맞는 길이라며 강조하시는 데야 더 어찌할 수 없어 나는 재수의 길을 택할 수밖에 없었다. 시골집에 틀어박혀 재수를 하는데 두어 달 공부하니 어느새 농사철이 돌아왔다. 할아버지는 고등학교만 나오면 됐지 대학은 무슨 대학 하시면서 못마땅하게 생각하시고 농사일을 도와주라고 하시니 어쩔 수 없이 농사일을 도와드리다 보니 여름 한철이 금방 지나가고 가을이 왔다. 가을 추수까지 도와드리면 공부할 시간이 너무 없어 나는 도망치다시피 아버지가 근무하는 직장의 사택 방으로 옮겨 가 공부를 시작했다. 아버지의 직업은 초등학교 선생님이었다. 그런데 이 사택에는 부엌 딸린 방이 세 개가 있는데 아버지가 쓰시는 방이 동편에 있는 가장자리 방이고 가운데 방에는 충청도가 고향인 선생님이 기거하고 그다음 서편에 있는 가장자리 방에는 서울이 고향인 처녀 선생님이 살고 있었다. 자연스럽게 새로 간 내가 먼저 인사를 하게 되고, 그렇게 하여 알고 지내게 되었는데 인사를 트고 나서부터 내 머릿속에는 그녀 생각이 자리를 잡기 시작하더니 온통 그녀 얼굴이 책 속에 가득 들어오기 시작했다.

　그녀는 나보다 세 살이나 많고 얼굴은 미인은 아니지만 호감이 가는 얼굴이고 서울 말씨에 여선생님이라는 것만으로도 나를 온통 빠져들게 만들었다. 나는 고등학교를 졸업할 때까지 한 번도 여선생님한테서 배워본 적이 없어 나에게 여선생님이란 환상적인 존재 그 이상이었으며 추앙적인 마인드를 가지고 있었다. 지금은 여선생님들이 남자 선생님들보다 더 많지만 그 당시에는 한 학교에 한 분, 아니면 많아야 두 분 있을까 말까 하던 시절이었다. 그 선생님과 마주하고 말을 주고받는 것이 나에게는 너무나 꿈같은 일이었다. 일요일 낮에 아무도 없을 때 같이 교정을 거닐기도 하고 달 밝은 어느 저녁에 함께 교정을 거닐 때는 여기가 파라다이스라는 생각이 들었다. 나는 그녀의 손을 잡고 걷고 싶었지만 차마 용기가 나지 않았고 혹시나 거절당하면 민망할 것 같아 참고 말았다. 그리하여 그녀와 만나서 지낸 두어 달 동안 몇 번의 데이트를 하였지만 손 한 번 잡아보지 못하고 그녀는 방학이라며 서울로 가고 말았다. 시험까지 남은 기간은 한 달 남짓, 열심히 해보겠다고 책을 펼쳐도 온통 그녀 생각으로 공부에 전념이 안 되니 대학 시험은 또 실패하고 말았다. 아버지에게 미안해서 그냥 대학 진학을 포기하든지 아니면 지방 소도시 이차 대학에 가겠다고 말씀드리니 한 번 더 도전해보라고 하셨다.

때로는 그녀 생각이 나기도 했지만 나름 이를 악물고 열심히 공부할 수밖에 없는 일이 생기고 말았다. 할아버지께서 갑작스레 병을 얻어 삼 개월 만에 돌아가시고 말았다. 할아버지의 병명은 간암이었는데 발병 원인이 어이가 없었다. 할아버지가 가물치회를 잡숫고 싶다고 해 할머니께서 식구들 몰래 해드렸단다. 그걸 잡숫고는 체증이 생기더니 이내 황달이 생기고 아파서 병원에 갔더니 간암으로 진단이 나왔다. 당시에는 수술이나 약이 없었고 기껏 잡숫는 약이 간에 좋다는 메치오닌이 들어간 약을 사서 먹는 것 외에는 방법이 없었다. 나중에 생각해보니 가물치회 한 번 잡숫고 간암이 생겼을 리는 없고 평생 살아오시면서 민물고기 회를 많이 잡수어 간디스토마 벌레가 간에 많이 서식하고 있었는데 가물치회를 잡숫고 그 벌레 숫자가 갑자기 많아져서 간에서 감당이 안 되니 발병한 것 같다. 옛날부터 낙동강 주변에는 민물고기 회를 많이 먹고 황달을 앓다가 죽은 사람이 많았는데 그 당시에는 암이라는 병을 몰랐던 때이니 아마도 다 간암으로 죽었던 것 같다. 의학이 발달하여 민물고기를 먹으면 안 된다고 하는데도 먹던 습관들이 있어서 어쩌다 잉어나 가물치가 잡히면 회가 맛있다고 하면서 그냥 회를 떠서 소주랑 먹는 그 맛을 참을 수가 없어서 먹곤 했던 시절이었다. 간디스토마 벌레의 수명이 20년이 넘는다니, 자꾸 누적되어 어느 시점에서 황달에 걸려 암에 컬려 죽고는 했다. 주위에서 많은 사람들이 회를 먹고 죽는 걸 뻔히 보면서도 회가 생기면 먹고야 마는 사람의 마음은 정말 알 수 없다. 아마 회가 황달의 원인이라는 걸 몰랐거나, 설마 한 번 먹는다고 뭐 어때랴 하는 마음도 있을 거고, 남들이 먹어대니 참을 수가 없어서 같이 먹게 되었을 것 같다. 요즈음은 약이 좋아 한 번 복용에 완치가 된다고 하며, 아직도 민물고기 회를 즐겨 먹는 사람도 있다니 욕구는 참기 힘든 게 인간인가 보다.

습관과 고정관념은 참으로 고치기 힘든가 보다. 할아버지와 할머니는 아버지가 칫솔을 사드리고 칫솔로 이를 닦으시라고 해도 그냥 소금을 손가락에 묻혀 닦았다. 한평생 해오던 버릇이니 그게 더 편하셨던가 보다. 할아버지는 나에게 무서운 분으로 각인되어 있지만 그래도 돌아가시고 나니 한동안 슬픔에 젖어 공부에 집중이 잘 안되었다. 세월이 약이라고, 시간이 지나면서 마음이 좀 안정되고 시험 날짜가 다가오니 열심히 했다. 드디어 삼수 만에 내가 가고 싶고 내 실력에 적당하다고 생각되는 서울의 일차 대학 화학과에 합격하게 되었다. 아버지에게는 약학과에 대한 미련이 많이 남아 있었지만 내가 실력도 미달이고 약국에서 손님 오기만을 기다리는 그런 직업은 싫다고 우겨서 내가 가고 싶은 곳을 선택했던 것이다. 자식 이기는 부모 없다고, 아버지께서는 아쉬웠겠지만 승낙해주셨다.

서울 생활이 시작되었다. 가장 싸게 든다고 생각한 숙식 해결 방법은 친구와 방을 얻어 매식으로 끼니를 때우는 것이었다. 대학 생활 시작한 지 불과 두어 달 지나서 한일회담 반대 데모가 벌어졌다. 나중에 6·3 데모라고 불린 그 데모에 참가했다. 주동자는 전 대통령이었던 이명박 학생회장이었고 장소는 국회의사당 앞이었다. 그 당시 국회의사당은 지금의 세종로에 있었다. 한일회담 취소하라고 고래고래 소리를 질러댔다. 경찰들이 포위를 하더니 몽땅 잡아서 경찰서로 연행했는데 나는 남대문 구치소로 끌려갔다. 주동자만 입건하고 나머지는 반성문 제출하면 훈방해주었다. 난생처음 구치소에서 하룻밤 지내보았다. 지나고 보니 한일회담으로 받아낸 대일 청구자금이 우리 경제 발전 마중물의 한 부분이 된 것만은 분명하다. 그래도 우리 대학생들은 그때는 정말 몰라서 반대를 했는지, 아니면 회담에서 기선을 잡으라고 우리 국민들의 기개를 보여주려고 했는지 확실하지 않지만 나는 후자에 더 의의를 두었다고 지금도 자부하고 있다.

한 학기를 매식으로 끼니를 해결하고 다음 학기에는 더 절약하는 방법으로 둘이서 자취를 하게 되었다. 친구의 애인이 가끔 와서 밥을 해주어 고맙기도 하고 부럽기도 했다. 재수할 때 만났던 여선생님은 건강상의 이유라면서 퇴직을 해 서울 본가에서 지낸다는 소식을 듣고 예전에 알아두었던 주소를 찾아 편지를 보냈더니 답장이 왔다. 서울역 광장에서 만나자고 했더니 그러자고 하여 친구가 새로 산 멋진 점퍼를 빌려 입고 나갔다. 서울

역 버스 정류장에서 내리니 멀리 보이는 의자에 앉아서 두리번 거리고 있는 그녀가 눈에 들어왔다. 반가운 마음에 달려가고 싶었지만 잠시 바라보고 있었는데 그녀는 시계를 들여다보며 여기 저기 살펴보고 있었다. 나를 기다리는 모습이 역력하여 흐뭇한 기분이 들었다. 내가 다가가니 그제야 발견하고 손을 흔들며 반갑게 맞이해준다. 거의 한 해 반이 지나 만났으니 반갑기 그지없지만 우리는 악수도 할 줄 모르고 그냥 함박웃음만 지었다. 하늘은 높고 맑았고 바람도 시원한 시월 초순의 날씨는 금상첨화였다. 그녀는 은빛 원피스에 은빛 코트를 걸치고 나왔는데 가을 햇살에 눈부시게 아름답고 멋져 보였다. 데이트 코스를 남산으로 정하고 걸어서 올라가기로 했다. 그동안 궁금했던 이런저런 이야기를 주고받으면서 걸어 올라가는데 지루하거나 힘든 줄을 몰랐다. 시간이 천천히 흘러갔으면 좋겠다는 생각이 들 정도인데 어느덧 정상에 도달하여 팔각정에 올라 시내를 내려다보는 즐거움과 둘이서 같이 바라본다는 행복감을 동시에 느꼈다.

경치 감상을 한참 즐긴 후 해가 기울기 시작하여 서서히 하산을 했다. 점심도 걸렀으므로 식사를 하자고 했더니 배가 고프지 않다고 하며 사양을 한다. 내심 어떻게 대접해야 할지 계획도 없었고 주머니 사정도 넉넉하지 못해 인사차 해본 말인데 내 마음을 헤아려서 해주는 말 같아 고맙기도 했지만, 두어 번 더 권해보다가 그만두고 우리는 다음 일요일에 경남극장에서 만나 영화를 보기로 약속하고 헤어졌다. 기분이 좋아서 한 주가 금방 지나갔다. 약속한 장소로 간다고 갔는데 극장이 안 보였다. 나는 그 극장이 무교동 근처에 있는 것으로 착각하고 있었다. 서울 생활 반년 남짓에 아직도 시내 지리를 모르는 곳이 더 많았다. 물어보면 될 것을, 나름대로 이 근방일 거라고 생각하고 한참을 헤매다가 시간이 너무 흘러 안 되겠다 싶어 할 수 없이 지나가는 사람에게 물었더니 시청 앞에 있다고 해서 헐레벌떡 뛰어갔더니 극장 앞에서 만나기로 한 그녀의 모습은 보이지 않았다. 약속 시간이 한 시간도 훌쩍 지나 있었고 영화 상영 시간도 이미 지나고 있었다. 미안하기도 하고 황당하기도 해 나 자신을 한없이 꾸짖었다만 돌이킬 수 없는 죄를 저지르고 말았다. 지금처럼 휴대전화가 있었더라면 이런 일은 일어나지 않았겠지만 당시에는 어찌할 방법이 없었다.

바람맞고 돌아갔을 그녀의 마음을 생각하면 너무나 가슴이 아파서 당장 용서를 구하는 편지를 썼다. 가정마다 전화도 없던 시절이라 편지로 연락할 수밖에 없었다. 며칠을 기다려도 답장이 오지 않아 또 보냈더니 답장이 왔는데 더 이상 시간 허비하지 말라고 준엄하게 꾸짖어왔다. 그녀가 생각하기에 내가 그녀를 만나는 것이 많은 데이트 상대 중에 하나로서 데이트 스케줄의 일부로 그녀를 만난다고 오해를 하고 있는 게 분명해 보였다. 아마도 그녀 생각에 대학생이 되면 미팅도 많이 하고 데이트도 많이 할 거고 여대생과 자기를 비교해보면 자기가 왜소해 보일 것 같다는 생각이 들었을지 모른다. 나는 빨리 오해를 풀어주고 나의 마음속에는 오직 당신이 있을 뿐 다른 사람을 염두에 두어본 적이 없다고 확인시켜주고 싶었다. 꼭 만나자고 편지를 몇 번 보내도 답장이 없자 나는 그녀의 동생 앞으로 편지를 써서 언니를 꼭 만나게 해달라고 했더니 그녀에게서 답장이 왔다. 며칠 후 오후 여섯 시에 서울역에서 만나자고 하여 나는 그날 약속 시간보다 좀 더 일찍 가서 기다렸더니 정확한 시간에 그녀가 나타났다. 나는 반갑게 맞이했지만 그녀는 쌀쌀하게 대했다. 그날의 사정을 자세히 이야기하고 미안하다고 용서를 구했더니 돌아온 대답은 너무 충격적이었다. 이제 그만 만나자고 하며 편지도 보내지 말라고 쌀쌀하게 말하면서 냉정하게 돌아서서 뒤도 안 돌아보고 성큼성큼 걸어가버린다. 내가 뭐라고 변명하면서 따라가며 붙잡아도 뿌리치고 가버린다. 아주 이별을 작정하고 나와서 선포만 하고 헤어지기로 결심한 모양새다. 멀어져가는 그녀가 시야에서 완전히 사라질 때까지 나는 넋 나간 사람처럼 바라보며 서 있었다.

나중에 가만히 생각해보니 그녀의 결심을 나무랄 수도 없었다. 그녀는 결혼 적령기인데 내가 아무런 애정 표시도 하지 않고 장래에 대한 말이 한마디도 없으니 단념할 수밖에 없을 것 같다. 입장을 바꾸어놓고 생각해보니 나라도 그렇게 결단할 수밖에 없었을 것 같다. 나는 그녀가 그냥 좋았고 늘 같이 있고 싶기는 해도 그것은 마음뿐이지 여건이 허락될 수 없었다. 아직 군대도 안 갔고 졸업도 까마득한 먼 후일이니 그녀를 책임질 수 없었다. 이렇게 하여 나 혼자만의 첫사랑은 짝사랑으로 끝나고 말았다. 늙을 때까지 잊지 못하고 애틋한 감정인 걸 보면 그녀가 분명 나의 첫사랑이었나 보다. 비록 손 한 번 잡아보지 못하고 좋아한다는 말 한마디 못 해봤지만.

대학 생활은 처음 해보는 것이라 설레기도 하고 서먹하기도 했다. 강의 시간 짜기, 학점 획득 계획 세우기 등이 쉽지 않았다. 대부분의 교수님들은 강의만 하시고 우리들의 공부에 별 신경을 안 쓰는데 학과장 선생님은 고등학교의 담임 선생님같이 엄했고 강제로 공부를 시키셨다. 자신이 맡은 과목의 시험 점수를 게시판에 붙여서 망신을 주시는 걸로 이미 정평이 나 있는 선생님이셨다. 덕분에 공부를 좀 더 열심히 할 수 있었다. 그래도 학점이 짜고 시험문제도 어려워 절반의 학생이 학점을 못 따서 다음 학년에 재수강하여 따기도 했다.

우리 반에 여학생이 여덟 명 있었는데 내 마음을 설레게 하는 여학생은 없었지만 여학생들과 같이 공부해보기는 초등학교 이후 처음이라 그냥 기분이 달뜨기도 했다. 나의 심한 사투리가 그녀들에게는 관심거리인지 흥밋거리인지 대화를 하면 웃음을 자주 보여 내가 수줍어하면 그게 또 재미있는지 더 웃었고 나는 얼굴이 상기되어 슬그머니 피해버리곤 했다. 그중에 한 명과 실험 파트너가 되어 다른 남자 친구들이 부러워하는 것 같았지만 나는 그녀의 깐깐한 성격이 전혀 마음에 들지 않아 실험 시간만 되면 자주 의견 다툼을 하곤 했다. 이 학년이 되면서 차차 공부에 열중하고 서울 생활에도 익숙해지고 친구 관계도 돈독해지면서 친구 소개로 시간제 가정교사도 해보고 가르치는 애들과 휴일에 등산을 가기도 하고 가끔씩 다른 학교 여학생들과 미팅도 하면서 대학 생활을 즐겼다.

이 학년을 마치고 군에 입대하기로 했다. 각자의 인생 계획이 있고 목표도 다 달라 일 학년 마치고 간 친구도 있고 졸업하고 가겠다는 친구도 있고 학훈단에 가서 장교가 되고 싶다는 친구도 있었다. 나는 이 학년을 마치고 입대하면 제대해서 이 년을 더 공부할 수 있게 되어 취업에 도움이 될 것 같아 그리하기로 했다. 새해가 되어 소한을 지내고 대한쯤에 입영통지서를 받아서 입대를 했다. 날씨가 차차 풀리긴 해도 매서운 추위에 훈련받느라 고생깨나 했다. 나는 힘든 일이 생기면 주문처럼 외우는 말이 있다. 남들 다 하는데 난들 못하랴 하면서 남들 따라 열심히 했다. 그러다 보니 그럭저럭 6주간의 신병교육을 마치고 강원도 홍천에 있는 수송 자동차 부대로 발령이 났다. 창원 훈련소에서 버들강아지 눈트는 걸 보고 왔는데 홍천에 오니 눈이 오고 매서운 추위가 계속되고 있었다. 부대에 도착해서 자고 이튿날 입소에 앞서 신체검사를 했는데 치질이 있어 불합격이란다. 군대에서 고생은 되더라도 운전 하나는 배우겠구나 하고 잔뜩 기대를 했는데 실망하고 말았다. 당시만 해도 운전 기술은 잘하는 사람이 많지 않던 시절이라 대접받는 기술이었기 때문이다.

대기하고 있으면 사단 사령부에서 발령이 올 거란다. 며칠을 기다리니 춘천 보충대로 가라고 하여 홍천에서 춘천으로 트럭을 타고 가는데 발이 시려 동상 걸리기 일보 직전이었다. 같이 가는 동료가 여섯 명이었는데 발을 동동 구르니 인솔병이 차를 세우고 예비 기름통에서 연료를 가져와 바닥에 붓고 불을 피웠다. 한참 불을 쪼이니 추위가 좀 풀렸다. 졸병을 위해서 불을 피워주었겠지만 아마도 인솔하는 자기도 추웠으리라. 동료 병사 중에서 한 명이 우리들이 가는 길목에 자기 집이 있으니 점심을 먹고 가자고 하여 갔더니, 그 어머니 아버지가 예상치 않게 집에 오는 아들을 보고 반가워서 어쩔 줄 모르신다. 밥을 지을 동안 우리들은 따뜻한 구들목에 앉아 몸을 녹였다. 얼마 지나지 않아 따뜻한 밥과 뜨거운 국이 들어와 두어 달 만에 집밥을 먹어 보니 엄마가 생각나고 보고 싶어 눈시울이 뜨거워졌다. 우리들은 동료 병사 부모님께 맛있게 잘 먹고 잘 쉬고 간다고 말씀드리고 감사의 절을 하며 일어섰다.

춘천 보충대에서 며칠을 기다리니 백두산부대로 발령이 나서, 또 거기로 가서 며칠을 기다렸다. 그러던 어느 날 상사 한 분이 나에게 오시더니 우리 부대로 발령이 났으니 가자고 하신다. 이제 최종 발령지로 가게 됐는데 그 부대는 사단 사령부 직속 교육대고 나는 행정병으로 가게 된 것이다. 중대장에게 신고식을 하고 받은 직책은 작전교육계였다. 선임병은 제대 일자가 한 달도 남지 않은 병장이었는데 자칭 하사라고 하면서 서류만 넘기고 설명을 제대로 해주지도 않고 술타령으로 제대일만 기다리고 있었다. 알고 보니 그 선임병은 앞의 선임병에게서 제대로 일도 배우지도 못하고 바로 제대를 맞게 되었던 것이었다. 그래도 나는 군대 행정은 처음 해보는 생소한 것이라 서류를 세세히 보고 모르는 것은 물어보고 했지만 그 선임병은 건성건성 대답하면서 군대는 적당히 해나가면 된다고 했다. 그 선임병은 곧 제대를 해 가버렸고 나 혼자서 끙끙대며 서류를 작성하여 올렸더니 사단 작전장교가 출두하라고 한다. 겁을 잔뜩 집어먹고 갔더니 의외로 약간의 꾸중만 한다. 나는 그간의 사정을 말하고 사실 나는 아무것도 모른다고 하니 자세히 가르쳐주었다. 아마 이 졸병이 불쌍해서 그랬을지도 모르지만 서류를 제대로 만들어서 주어야만 자기도 편할 걸 염두에 두었을지도 모른다.

어쨌거나 그 후로는 별문제 없이 행정을 잘해나갔고 중대장과 선임하사도 신임을 해주셨고 행정반 내의 다른 부서 고참병들도 텃세를 부리지 않고 잘 대해주었다. 그런데 각 내무반의 분대장들은 행정병들을 못마땅해하는 풍토가 있었고 특히 하사관

학교를 갓 졸업하고 온 하사들은 건방을 많이 떨었다. 군대는 계급이 우선이니 아니꼽게 대해도 대들 수는 없는 것이다. 더구나 밤이 되면 당직장교와 당직하사관이 부대를 통솔하니 명령을 하면 따를 수밖에 없다. 한번은 겨울인데 하사관학교를 졸업한 지 반년도 안 된 새파란 하사가 저녁 점호를 끝내고 비상을 걸었다. 뭐가 마땅찮아 군기를 잡으려고 들었는지 연병장에 모두 모아놓고 뭐라고 훈계를 하더니 기합이 빠졌다면서 팬티만 입고 알 철모 쓰고 선착순 집합이라고 한다. 모두 내무반에 가서 옷을 벗고 팬티만 입고 알 철모 쓰고 집합했더니 개울에 가서 철모에 물을 가득 떠 오란다. 시킨 대로 물을 떠 왔더니 한바탕 더 훈계를 하고는 물을 뒤집어써서 간이 목욕을 하란다. 어두컴컴한 밤이니 잘 안 보여 대충 들이붓는 시늉을 했지만 그래도 찬물이 몸에 많이 묻었다. 추워서 턱이 덜덜 떨렸지만 긴장감으로 억지로 버텨낼 수밖에 없었다. 한참 더 훈계를 하더니 취침하란다. 내무반에 와서 옷을 입고 누워서 잠을 청해보지만 미지근한 바닥에 담요 두어 장 덮고 자니 평소에도 썰렁하게 느껴지는 잠자리인데 얼음물을 뒤집어썼으니 온몸이 떨려 잠이 오지 않았다.

힘들고 어려운 일도 많았지만 차차 병영 생활이 익숙해지니 한가한 시간이 생길 때도 있었다. 연말이 되면 초등생들 고사리 손으로 쓴 위문편지를 받아보니 문득 펜팔을 하면 군대 생활이 덜 심심하고 어려운 일도 잘 견딜 것 같다는 생각이 들어 후배 동생에게 여학생을 하나 소개해달라고 했더니 두 명을 추천해주었다. 한 명은 자기 반 여학생이고 또 한 명은 다른 학교 여학생이었다. 편지를 보냈더니 곧 답장이 왔다. 두세 번씩 편지를 주고받고 하다가 정기휴가를 가게 되어서 곧 만날 수 있겠다고 생각하니 어깨가 저절로 들썩거렸다. 그 당시 군대에서 인기 폭발한 유행가 '육군 김 일병'에 나오는 가사 "서울의 거리는 내 차지, 나는야 졸병이지만 그녀는 멋쟁이"를 흥얼거리면서 그녀들에게 미팅을 신청했다. 약속을 잡고 보니 같은 날 오후와 저녁이 되어 하루에 더블 미팅을 하게 되었다. 후배는 보통 키에 밋밋한 인상에 수수해 보였고 다른 학교 여학생은 자그마한 몸매에 예쁘고 귀여운 인상이었다. 처음 만남이라 대화 내용도 비슷했기 때문에 귀대해서 편지를 보낼 때 이름만 다를 뿐 편지 내용은 거의 같았다. 후배한테서는 답신이 왔는데 다른 학교 여학생한테는 답신이 없어 이상하다고 생각했는데 후배의 답신을 읽어보고서야 이유를 알 수 있었다. 편지 알맹이가 바뀌어 들어가서 사고가 난 것이었는데 내가 부지불식간에 저지른 실수일 수도 있지만 편지 검열병이 일부러 날 골탕먹이려고 저질렀을 가능성이 더 커 보였다. 군대에서는 보안상 편지 검열을 꼭 하는데 검열병이 장난을 쳤을 가능성이 더 농후해 보였다. 검열병이 같이 근무하는 행정병이기 때문에 따져 물었더니 아니라고 딱 잡아떼니 어쩔 수도 없고 이미 엎질러진 물이니 나 혼자 스스로 수습할 수밖

찾았다 꾀꼬리

에 없었다.

　다른 학교 여학생의 이름이 당시에 유명하던 여자 아나운서랑 성과 이름이 같았고 후배 여학생의 이름은 평범한 이름이었다. 다른 학교 여학생은 전에 주었던 편지와는 생판 다른 이름으로 편지를 보냈으니 더블 데이트를 눈치채고 모욕감에서 편지를 끊어버렸는데, 후배 여학생은 멍청한지 똑똑한지 이렇게 답장을 보내왔다. —어른들의 눈속임으로 굳이 유명한 여자 이름을 빌려 편지를 보내지 않아도 되니 걱정 말고 앞으로는 제 이름으로 보내도 돼요— 이렇게 멍청한지 순진한지 모르는 이 여학생과 오랜 시간 편지를 주고받고 하는 재미로 군대 생활을 즐겁게 보낼 수 있었고, 제대 후에도 계속 사귀면서 약간의 우여곡절도 있었지만 결국 나의 반려자로 한평생을 함께 살아가니 인연의 기묘하고 미묘함에 자꾸만 우연과 필연을 생각하게 된다. 결과를 보면 모든 것은 필연이지만 생각지 않은 일이 일어나는 걸 보면 우연이라는 것이 있는 것 같고, 카오스 이론의 나비효과 설명을 보면 우연은 없다니 전생의 인연인가 하는 생각이 들기도 한다.

　각설하고, 그럭저럭 어렵고 힘든 군대 생활도 다 끝나가는데 북괴군 김신조 일당이 와서 나라를 놀라게 하더니 좀 있다 푸에블로호 사건도 터져서 삼 개월이나 제대 일자가 늦어져 말년을 지루하게 보내고 제대를 했다. 마지막 날 선임하사가 술을 잔뜩 사주어 제대 동기생들이 함께 흠뻑 먹고 신나게 노래도 부르고 놀면서 추억을 만들어주어 지금도 고마운 생각이 든다. 가을에 제대를 했으니 복학을 하려면 몇 달을 쉬어야 했다. 군대 생활의 찌든 때를 벗겨내려면 몸도 마음도 정비를 해야 하니 충분한 시간을 가지게 되어 다행이라고 생각했다. 엄마가 해주시는 밥을 먹고 동네 어릴 적 친구들과 놀기도 하고 술도 한잔씩 하면서 그동안의 스트레스를 날려버리며 지내니 군대 생활로 보낸 지난 삼 년이 한바탕 꿈을 꾼 것처럼 느껴졌다. 가끔씩 오는 후배 여학생의 편지를 읽으며 전공 서적을 복습하기도 하고 소설도 읽으면서 겨울을 보내고 나니 어느덧 봄이 오고 복학 날짜가 다가왔다.

삼 학년으로 복학하고 나니 다시금 신입생이 된 기분이다. 복학생보다 많은 후배 재학생들과 함께 공부를 하게 되니 뒤떨어질까 봐 긴장이 되기도 하고 흉잡힐까 봐 처신도 조심스러워진다. 동기생 여학생들은 다 졸업했고 복학한 반에는 홍일점 여학생이 있었는데 얼굴이 예쁘고 귀엽게 생겼다. 실험 조 편성하는데 나랑 짝꿍이 되어 모두들 은근히 부러워하고 샘을 내는 것 같아 기분이 묘했다. 그러나 나는 후배 학우 이상의 감정 이외에 이성으로서의 감정은 일어나지 않았다. 이미 내 마음속에 자리잡은, 사귀고 있는 후배 여학생, 지금은 나보다 한 학년 더 높은 사 학년이 된 그녀가 있어 어떻게 하면 그녀와 더 가까워질까 고민하고 있었으니까 다른 여성이 내 마음에 파고들 여지가 없었다. 교정에서 오다가다 가끔씩 마주치기도 하고 때때로 다방이나 다과점에서 만나기도 하면서 관계를 계속해갔다. 나는 그녀를 만나기만 해도 좋았고 대화를 하면 행복했다. 아직도 나는 손한 번 잡아보지도 못하고 그냥 얼굴을 보는 것만으로 좋았다. 그야말로 순애보 소설 속의 주인공처럼 지고지순한 사랑, 플라토닉한 사랑이 최고의 사랑이라고 생각하던 시절이었다. 순정소설을 많이 읽어서 그랬는지, 사랑을 사랑하던 나이라서 그랬는지는 지금도 명확하지 않지만 그냥 만나서 이야기하는 것만으로도 행복한 감정을 느꼈다. 그러다 보니 상대편도 오직 나만을 생각해야 하고 나 이외의 남자에게는 시선을 주면 안 된다는 감정이 나를 지배하고 있었다. 남녀공학의 여대생이 어떤 일로든 다른 남학생을 만나지 않을 수도 없지만 내 감정은 그걸 용납하지 못하는 지경에 이르니 자연 오해를 사는 사건이 생길 수밖에 없었다.

가을이 짙어가던 어느 날 드디어 오해를 일으키고, 오해를 해서 다투고 헤어지고 말았다. 아픔이 컸지만 어쩔 수 없었다. 그녀가 냉정하게 돌아서서 더 이상 접근을 허용하지 않고 어쩌다 교정에서 우연히 마주쳐도 고개를 돌리고 지나가버리곤 했다. 어느덧 그녀의 졸업식 날이 되었는데 소개해준 후배 동생도 같이 졸업하면서 나더러 저기 그녀가 가족들과 사진을 찍고 있으니 가보라고 했지만 이미 서로가 잊혀져가는 마당에 얼굴을 내

밀 수는 없었다. 그런데 얼마 지나지 않아 그녀의 오빠가 찾아와 어머니께서 날 만나자고 한다면서 집으로 초청을 하였다. 한참 사귈 적에 한두 번 뵌 적이 있었는데 졸업식 때 내가 나타나지 않았으니 궁금하셨을 거고 그녀에게 추궁해서 헤어졌다는 것을 알게 되고는 나를 만나자고 하신 것 같다. 옛날 어머니들의 사고 방식은, 한번 정을 주고 사귀면 절대로 헤어지면 안 된다고 생각 하셨기 때문에 나를 불러 의사 파악을 하시려고 한 것 같았다.

내가 가면 내가 변한 게 아니라는 게 증명이 되니 더 말할 것 도 없고, 나 역시 오란다고 찾아가면 아직도 그녀를 못 잊고 다 시 사귀고 싶어 한다는 것이 증명이 되니, 초청에 응하는 것은 바로 내 마음이 아직도 그녀를 보고 싶어 하는 것이라고 말하 는 것이 된다. 약속을 정한 날 약간의 쑥스러움을 무릅쓰고 대 문을 밀고 들어갔다. 마침 그녀가 부엌에서 일하다가 나를 보고 는 놀란 표정을 짓는데 싫어하는 모습은 아닌 것 같아 다행스럽 게 생각하고 엄마가 만나자고 하여 온 것이라고 하면서 그녀 오 빠의 안내로 그녀 엄마를 만났다. 이리하여 우리는 다시 만나기 시작했다. 그동안 이성에 대한 나의 사고방식에도 변화가 생기 기 시작했다. 친구가 우리가 헤어졌던 것을 알고 조언을 해주었 다. 순수한 사랑도 좋지만 이성 간의 사랑은 애정의 표현이 없으 면 진도가 나가지 않으니 말만 할 게 아니라 행동으로도 보여주 어야만 된다고 가르쳐주었기 때문이다. 그리하여 우리들의 사랑은 완전히 무르익어 장래를 약속하고 그녀의 집에서도 우리는 결혼을 할 것이라고 믿고 그리 대해주었다.

졸업반이 되니 장래의 일이 걱정이 되었다. 진로를 고민할 즈음 어느 날 조교 선배님이 나를 자기 방으로 부르더니 대학원에 진학하여 자기와 같은 전공을 공부하면 어떻겠냐고 물어왔다. 호의를 고맙게 생각하며 며칠간 생각해보겠다고 했다. 친구에게 물어보니 너에게 딱 맞는 적성이라면서 해보라고 한다. 하지만 아버지 말씀을 떠올리면 망설여지고, 학업을 계속할 엄두가 안 난다. 아버지께서는 초등학교 교사였고 교사들의 생활이 어떤지 실감하고 사셨기 때문에 평소에도 교사는 하지 말라고 하셨다. 사실 그 당시 교사들의 봉급은 거의 없다시피 했다.

내가 초등학교 저학년 시절에는 사친회가 있었고 요즈음의 육성회와 비슷한 일을 했는데 거기서 보리쌀과 쌀을 걷어 선생님께 드렸으니 선생님들의 생활이 어떠한지 짐작하고도 남는 일이었다. 지금도 생생하게 생각나는 게, 삼 학년이 되었을 적에 담임 선생님께서 배급 쌀이 나왔는데 집으로 좀 가져가자고 했다. 친구랑 나랑 둘이서 나누어 가지고 둘러메고 선생님과 함께 선생님 집으로 갔다. 사모님께서 반갑게 맞아주시고는 그 쌀로 밥을 지어주셨다. 선생님께서는 아마도 제자에게 쌀밥을 먹이고 싶어서 일부러 심부름을 시키신 것 같았다. 그 당시에는 쌀밥을 먹는다는 것은 대단한 대접을 받는 것이었다. 그런데 쌀밥을 먹으려고 숟가락을 들이미는 순간부터 비위가 거슬리는 이상한 냄새가 났는데 막상 입에 떠 넣고 보니 냄새와 맛이 역겨워 도저히 먹을 수가 없었다. 그래도 어린 마음에 너무 내색을 하면 사모님이 미안해할까 봐 참고 조금 먹고는 숟갈을 놓고 말았다.

나중에 어른들 말씀이 그 쌀은 안남미라고 했는데 생긴 모양이 길쭉하고 약간 붉은 빛이 비치기도 하고 냄새가 심한 것은 아마도 소독을 해서 그렇거나 아니면 살짝 부패했을지도 모른다고 하셨다. 그렇게 역겹게 먹기 힘든 쌀이었지만 그나마도 먹지 않으면 살아갈 수 없으니 아마 선생님은 참고 적응해서 억지로 먹었을 거라고 생각된다. 우리 집 쌀과 보리쌀은 냄새가 나지 않아 얼마나 다행인지 모르겠다며 어린 마음에도 감사하다는 생각이 들었고 매일 선생님을 볼 때마다 억지로 잡수실 선생님이 불쌍해 보이기도 했다. 그 후에 나라가 점차 안정되어가면서 적지만 월급이라고 지불했는데 입에 풀칠할 정도밖에 안 되었고 그 후에도 넉넉한 봉급은 되지 않던 시절이어서 교사라는 직업에 회의를 느끼시고 아들에게는 권장할 수가 없었던 것이다.

대학교수들의 봉급도 변변치 못하던 시절이었으니 선생 할 생각일랑 아예 하지도 말라고 하셔서, 혹시 필요할 때가 있을까 싶어 고등학교 교사 자격증을 딸 수 있는 교직 과목을 이수할까 하다가 그마저도 포기하고 말았다. 그러면서 평상시에 들은 주위 어른들의 말씀은, 한결같이 돈 많이 벌어 잘 먹고 잘사는 게

찾았다 꾀꼬리

최고라는 말을 자주 들었기 때문에 어떻게든 돈 많이 벌고 돈 많이 주는 직장을 찾는 게 목표가 되었다. 게다가 아버지 경제 형편에 겨우겨우 대학까지 보내주셨는데 더 이상 공부하겠다고 말씀드릴 수도 없었다. 아버지 월급으로는 대학은커녕 고등학교도 보내기 힘든 형편이었고 대학 공부를 시켜주신 경제적인 동력은 할아버지가 장만하신 농토에서 나오는 농산물 소득이 대부분이었다. 그래서 시골에서 소 팔고 논 팔아 공부시킨다고 하여, 대학의 상징이 상아탑이라는 말을 비꼬아 우골탑이라고 냉소하는 사람도 있던 시절이었다. 그래도 부모들의 그러한 교육열이 뒷받침이 되어 나중에 산업화를 이루는 데 크게 기여하였다는 사실은 분명하다.

며칠간 생각을 하다가 내가 갈 길은 산업전선에 뛰어들어 돈을 벌어 부모님 은혜에 보답하고 결혼도 하고 평범하게 살아가는 게 행복한 길이겠다는 결론을 내리고 조교 선배님을 찾아가 배려해주시는 마음은 감사하나 제 경제 형편상 공부를 계속하기는 힘들겠다고 말씀드리고 나왔다. 여기서도 내 인생의 갈림길 중 한 길을 선택하고 가지 못한 길에 대한 궁금증과 아쉬움이 생겼지만 선택한 길을 열심히 갈 수밖에 없었다. 만약 내가 선배님의 권유를 받아들여 그 길을 갔더라면 나는 지금의 나와는 또 다른 내가 되어갔을 것이다.

졸업하고 결혼하고 취업도 하고 남들처럼 평범한 인생길을 출발하여 자식도 낳고 기르고 돈 많이 벌어보겠다고 사업도 해보고 실패도 해가면서 아등바등 살아오다 보니 어느덧 황혼길에 접어들었다. 매 순간 매사를 결정하고 살아가면서 수없이 듣고 보고 배우고 행해온 각자의 인생 여정의 집합체가 바로 지금 현재의 나고, 미래의 나는 다시금 나날이 쌓여가는 인생살이에서 그때그때마다 새로운 내가 되어갈 것이다. 지금의 내 행동과 생각은 과거의 내 경험에서 축적된 기억의 소산물에서 오는 것이다.

지금까지의 내 인생 이야기를 대강 말씀드린 것은 내가 살아온 과정을 통해 어떻게 지금의 내가 있게 되었는지 이해하는 데 도움이 되게 하기 위해서다. 톨스토이는 행복한 가정의 이야기는 거의 비슷하지만 불행한 가정의 이야기는 각자 나름대로 독특한 사연을 가지고 있다고 했다. 행복과 불행은 각자 나름대로 느끼는 것이겠지만 누구든 개인에게 물어보면 다 자기 나름대로 살아온 힘든 인생을 하소연할 것이며, 글을 쓴다면 다 장편소설이 될 것이다. 사람마다 살아온 인생의 경험과 지식과 지혜를 다 모아놓으면 도서관 하나는 된다고 하며 한 사람이 죽으면 도서관 하나가 사라진다고 말한 사람도 있다. 그만큼 한평생 산다는 것은 머릿속에 한세상 살아온 수많은 기억들을 가지고 있다는 것이고, 산다는 것은, 살아간다는 것은 그때그때마다 과거의 경험을 불러내어 현재의 문제를 해결하고 미래를 계획하며 살아가는 것이라고 할 수 있다.

# 신탁(神託)이란?

　그리스 로마 시대에는 국가의 큰일, 주로 전쟁을 해야 할 일이 생겼을 때는 신에게 물어보고 신이 내린 말을 듣고 결정을 했다고 한다. 신전을 지어서 여자 사제를 방에 가두어놓고 왕이 물으면 여사제가 대답을 했다. 그 내용을 남자 사제가 적어주면 그걸 보고 신이 내린 말을 듣는다는 형식이었는데 이것을 신탁이라고 했다. 여사제가 하는 말 중 보통 사람은 못 알아듣는 말도 많다고 하는데 남자 사제는 다 알아듣고 받아 적는다고 한다. 그런데 예언 적중률이 40~60% 정도였다는데 그걸 믿고 전쟁을 일으켰다니 우습지 않은가. 남의 나라를 침략하는 구실을 신의 명령으로 꾸미려는 얄팍한 술수인지, 아니면 정말 신의 말이라고 믿고 했는지 모르겠지만 아마도 왕이라는 인간이 신이 시키는 일이니까 해야 된다고 자기 합리화를 하며 어리석은 백성들을 농락했음에 분명하다. 50%의 확률은 누구나 다 맞힐 수 있는 것이 아닌가.

어떤 똑똑한 왕이 많은 신전 중에서 제일 잘 맞히는 신전이 어딘가 찾아보니 델포이 신전이 80% 이상의 적중률을 자랑한다고 하여 델포이 신전을 찾아가서 신에게 물었더니 이번 전쟁에서 틀림없이 이길 거라는 대답을 듣고 전쟁을 일으켰는데 완전히 패망하여 나라까지 없어지고 말았다고 한다. 신에게 항의하면 신은 아마도 그러겠지. 네가 이긴다는 게 아니고 상대편이 이길 거라고 했는데 네가 잘못 알아들어서 그리된 거지 하고. 지금의 과학자들이 신전을 조사해보고 나서 적중률이 왜 그렇게 나빴는지 이유를 알았다고 한다. 여사제가 기거한 방을 살펴보니 앉아 있던 의자는 돌의자였고 방전체가 돌을 깎아서 만든 바위굴인데 바위 여기저기에 금이 가 있고 틈새로 여러 가지 유독가스가 나오고 있는데 그 양이 아주 미미하여 죽지는 않고 몽롱하게 취할 정도였다고 한다. 만약 그 양이 많았으면 여사제가 죽었겠지만 소량이니까 죽지는 않고 하루 종일 몽롱한 정신으로 살았을 거라고 한다. 현재로 비유하면 마약을 먹고 종일 몽롱하게 살아가는 히피 같다고 하겠다. 그렇게 취한 상태이니 횡설수설하고 알아듣지 못할 말을 하고 아무렇게나 씨부렁대는 말을 남자 사제는 다 알아듣고 적었다고 하니 남자 사제의 정체도 궁금하다.

남자 사제는 아마도 당시 각국의 정세를 많이 알고 있는, 지식이 풍부한 정세 분석가였음에 틀림없다. 그래서 각 신전마다 적중률이 다 다르게 나왔다고 볼 수 있고, 그러므로 순전히 그 남자 사제의 판단이 신이 내린 판단으로 둔갑을 한 셈이다. 현대의 정신분석가나 뇌 연구가는 무당이나 점쟁이가 접신을 하는 것은 뇌의 전두엽에서 어떤 특정 부위가 활성화되면 일어나는 현상의 일부라고 말한다. 대부분 동양학을 하는 분들은 바위가 클수록 지자기가 세서 영험을 얻을 수가 있다고 하는데 지자기의 영향인지, 바위틈에서 나오는 가스의 영향인지 조사를 해보고 실험을 해보아야 알 것 같다. 만약 지자기파가 세서 그렇다면 그것 역시 지자기파의 에너지가 우리 뇌의 한 부위를 활성화하기 때문일 것이다.

때로는 우리가 무얼 믿는다는 것이 실제와는 다른 엉뚱한 것을 확실한 것인 양 오판하는 것은 아닌지 항상 자기의 생각과 판단을 스스로 점검해보아야 한다. 과학적인 사고방식을 가지고 생각해야 가짜 뉴스나 막연한 선동에 휘둘리지 않는다. 한때 전자파가 해롭다는 증명을 한답시고 전자레인지에 물을 끓여 어항에 넣어 금붕어가 죽는 시험을 하여 마치 전자파가 고기를 죽게 만드는 것처럼 대중들을 우롱하는 시험을 하고 그걸 본 사람들은 전자레인지를 버리고 아직도 그렇게 믿고 사는 사람들이 주위에 꽤나 있다. 마치 전자파가 물속에 녹아 있어 고기가 죽는 것처럼 생각하게 한다.

전자파든 무슨 파든 파장에너지는 한곳에 머무는 에너지가 아니다. 물을 끓이면 물속의 산소가 다 날아가기 때문에 고기는 죽을 수밖에 없다. 전자레인지로 물을 끓이든 가스로 물을 끓이든 숯으로 끓이든 끓인 물속에는 어떠한 고기도 살아갈 수가 없다. 초등학교 교과서에도 나오는 과학적인 상식인데 다 잊어버리고 눈앞의 현상만 바라보기 때문이다. 전자파 맞은 성주참외를 먹으면 금방 죽는 것처럼 떠들어대고 삼중수소 먹은 고기 먹으면 큰일 날 것처럼 난리를 피우고 있는데 실제로 먹고 피해를 입은 사람은 하나도 없다. 왜냐하면 지금 큰일 난 것처럼 떠들어대는 전자파나 삼중수소는 자연에 저절로 존재하는 양과 비교해도 많지 않기 때문이다. 자연에는, 이 우주에는 온갖 에너지파들이 존재하고 수많은 종류의 방사능이 미량 존재하고 있고 그 속에서 모든 생명들이 지금껏 잘 살아오고 있기 때문이다. 지금의 원자로 폐수도 우려할 게 없는데도 걱정들을 한다. 과학자들이 더 잘 알고 더 잘 조치를 할 수 있는데 대중들은 걱정으로 문제를 해결하려고 한다. 대중들은 깊게 생각하거나 분석적으로 생각하지 않고 여론에 휩쓸리는 속성이 있기 때문에 선동당하기 쉬워 예나 지금이나 매일 시끄럽게 살아가는 게 인간사인가 보다. 그래서 부처님께서도 무지가 제일 큰 죄라고 하셨다.

# 미래를 내다보는 방법들

　미래를 궁금해하는 존재는 인간밖에 없을 것이다. 동물이나 미물들은 아예 궁금해하지도 않을 거고, 귀신이나 신들은 다 알고 있을 것이니 궁금해하지 않을 것이다. 사람들은 일이 잘 안 풀릴수록 미래가 궁금해 사주팔자를 찾고 점을 치고 미래를 가르쳐준다는 온갖 술수에 의지하고자 한다. 아주 오래전에 사주팔자에 관한 책이 베스트셀러가 된 적이 있었다. 나도 궁금해서 한 권 구입해 읽어보았다. 그 책의 저자는 사주를 봐준 경험담을 써놓았는데 적중률이 백 퍼센트인 것처럼 자랑을 늘어놓았고 마침 사업을 시작한 지 얼마 안 되던 시점이라 나 역시 미래가 궁금하여 찾아가보았다. 책에는 사주만 말해주면 다 된다고 쓰여 있었다. 그래서 사주, 즉 생년월일시를 말해주고는 가만히 있었다. 그랬더니 직업이 무엇이며 하는 일이 어떠한 것인지 묻기 시작했다. 힌트를 얻기 위해 유도 질문을 하는 것이었다. 나는 딱 잘라 대답했다. 책에서는 사주만 말해주면 된다고 했으니 더 이상 말할 것도 없고 어서 책에 써놓은 것처럼 알아맞히라고 하고는 입을 다물었다. 그랬더니 약간 당황해하면서 혼잣말 비슷하게 유도성 질문을 몇 번 더 하더니 내가 아무런 반응이 없자 드디어 두 손을 들고는 한다는 소리가, 요새 술 담배를 많이 했더니 영기가 없어져서 잘 알 수가 없어졌다고 하고는 계면쩍게 실실 웃는다. 정작 기가 막혀 웃어야 할 사람은 나인데. 복채를 도로 내놓으라고 하고 싶었지만 그냥 나오고 말았다. 그랬다가는 저주의 기를 퍼부을지 모른다는 두려움 때문에 참고 나왔다.

아마 그 사람에게 찾아간 사람들은 나처럼 황당하게 돌아선 사람들도 있을 거고 유도 질문에 대답하면서 엉터리 미래를 듣고 간 사람들도 있을 것이다. 도대체 어떻게 사람의 미래와 일생을 사주팔자로 다 알아낼 수가 있단 말인가. 용하다는 점쟁이는 과거를 어느 정도 맞힌다고 한다. 그것은 과거에 일어났던 일이므로 우리의 잠재의식에 각인되어 있고 점쟁이의 뇌파가 들어가서 읽어낼 수 있다고 볼 수 있다. 그러나 미래는 아무도, 어느 누구도 정확히 알 수 없다. 여러 가지 현재의 정상을 참작하여 예측하거나 유추해볼 수는 있겠지만 정확하게 알 수는 없다. 왜냐하면 미래는 인연으로 만들어지기 때문이다. 사주팔자는 명리학이란 이름으로 많은 사람들이 연구해서 축적한 이론이겠지만,

그 학문의 원리가 음양오행에 근거를 두고 연역적 방법으로 만든 학문이니 맞힌다는 게 더 이상하지 않은가. 한날한시에 태어나는 사람은 우리나라만 해도 약 60여 명이 되고 세계적으로는 일만 명이 넘는다. 이 많은 사람들의 운명이 다 동일할 수 없음은 자명한 일이다. 신문에 오늘의 운세라는 난이 있는데 아까운 지면을 더 좋은 기삿거리에 쓰면 좋겠다는 생각은 나 혼자만의 생각인가. 오늘도 보는 사람이 많이 있으니 그 지면이 계속 유지되는지도 모르겠다. 이성적으로 과학적으로 논리적으로 생각해도 맞을 리가 없는데 사람들이 많이 본다는 것은 미래가 궁금해서인가, 재미로 보는 것인가. 어떻게 그해에 그 띠에 태어난 사람들이 수만 명인데 똑같은 운세가 된단 말인가.

쌍둥이도 살아가는 운명은 다 다른 것이, 어릴 적 헤어졌다 오랜 세월 지난 후 만난 쌍둥이의 이야기가 가끔 신문지면에 장식되는 걸 본다. 지진 같은 자연재해나 전쟁으로 많은 사람들이 한꺼번에 죽는 게 다 같은 사주팔자라서 그런가. 분명히 아니다. 다 생년월일이 다른 사람들이다. 그곳에서 그렇게 죽은 사람들은 사주팔자가 같아서 함께 죽은 게 아니라 그곳에 그 시각에 함께 살고 있었기 때문이다. 즉, 모든 사람들의 운명은 다 어디서 태어나는지, 환경에 어떻게 적응하며 살아가는지에 달려 있다.

점은 더 황당한 게, 점쟁이가 말하는 점은 점쟁이의 전두엽 특정 부분이 이상을 일으켜 일어나는 현상으로 보는 것이 현대 뇌과학적 설명이다. 궁합이라는 것도 미래를 예측하는 수단으로 예전에는 많이 이용되었다. 예전에는 중매가 오가고 서로 혼인할 의사가 생기면 사주단자를 교환하고 그걸 들고 궁합을 보는 집에 가서 사주풀이를 하고 궁합을 판단하는데 음양오행법을 적용해 결론을 내렸다. 그렇게 결혼을 했던 옛날 사람들이 다 잘 살았던 것도 아니고, 역시 적중률은 반반 정도였다. 결국은 궁합을 보나 안 보나 잘살고 못살고의 확률은 같다는 의미다. 그래도 꼭 궁합을 보았으니 그것은 인간의 약점인, 미래에 대한 불안 때문일 것이다. 내가 결혼할 당시에도 궁합은 필수였기 때문에 우리끼리 미리 알아보고 나쁘다면 좋은 것으로 바꾸자고 하며 지금의 아내와 같이 남산의 어느 사주궁합 집을 찾아갔다. 둘의 사주를 대고 궁합을 봐달라니 말해주는데 두 사람은 상극이니 결혼하면 안 된다는 것이다. 나는 토이고 아내는 수이니 상극이란다. 설명인즉슨, 흙으로 물을 막을 수도 있고 물이 흙을 무너뜨릴 수도 있으니 상극이란다. 상극이든 뭐든 우리는 꼭 결혼하기로 마음먹고 있었으니 마음이 약간 편치는 않았지만 무시하기로 했다. 나는 과학적으로 해석해서 흙으로 무얼 만들려면 반드시 물로 반죽을 해야 하므로 물은 필수다. 그러므로 토와 수는 상극이 아니라 오히려 상생의 궁합이라고 생각했다. 그렇게 생각하니 다시 마음이 맑아졌고 그 후에 양가에서 어른들이 가본 점집에서는 다 궁합이 좋다는 말을 들었다니 다행이고 그래서 우리는 무사히 결혼을 할 수 있었다.

똑같은 사주단자를 보고 어떤 점집은 나쁘다고 하고 어떤 점집은 좋다고 하니 무시해도 된다는 말이다. 살아가면서 다소의 우여곡절과 행과 불행이 번갈아 오가고 했지만 그건 누구나 살아가는 기본적인 삶의 형태가 아니겠는가. 그러므로 사주와 궁합은 아예 안 보는 게 마음 편하다. 미래가 궁금해서 보고 싶다면, 미래는 현재 짓고 있는 인연 따라 모든 게 일어나고 변화해가는 게 우주의 섭리라는 걸 명심하자. 현재는 과거에 내가 지은 인연 따라 온 것이고 미래는 현재 내가 짓는 인연 따라 펼쳐질 것이다. "운명아 비켜라, 내가 간다"라고 한 사람 말대로 내 의지, 내 마음이 내 운명을 만들어가는 것이지 절대로 고정된 운명은 없다는 걸 명심하고 오늘도 성실하게 열심히 자기 할 일 잘하는 게 정답이다.

# 정신과 육신의 관계

정신은 마음이요 육신은 몸이다. 마음이 모든 것을 지배한다
는 말에는 정신일도 하사불성, 즉 정신을 한곳에 집중하면 어떤
일도 다 해낼 수 있다는 말과 일체유심조, 즉 모든 것은 다 마음
이 지어낸다는 말이 있다. 사람이 죽으면 육신의 허물을 벗고 마
음은 다음 생으로 떠난다고 하기도 한다. 그렇지만 우리는 살아
있을 때는 육신이 정신을 지배하는 걸 많이 느끼고 있다. 오욕칠
정이 정신적인 작용으로 일어난다고 하지만 그 바탕은 육신이
있기 때문이다. 술이나 마약을 먹으면 취하는 것은 육신이 있기
때문이며, 춤추고 노래하고 온갖 행위와 지식 정보에 의해서 취
하는 것은 육신을 통해서 들어오는 자극에 정신이 취하는 현상
이다. 그리하여 정신에도 맑은 정신이 있고, 흐리멍덩한 정신이
나 몽롱한 정신도 있다.

수행과 쾌락은 육체를 사용하여 얻기 때문에 육체를 잘 다스려야 한다. 부처님도 고행과 깨달음은 비례하지 않는다고 하셨다. 배가 너무 고파도 정신이 없다. 부처님께서도 배가 너무 고파 정신이 혼미하고 아무 생각도 없을 때 수자타가 올린 우유죽을 드시고 기운을 차리시어 새벽별을 보시면서 마침내 대오 각성을 하셨다. 부처님도 그러한데 일반 사람들이야 말해 무엇하랴만 우리 인간의 마음이 얼마나 육체의 지배를 많이 받고 사는지 한번 살펴보자.

마음의 욕구에서 일어나는 행동과 육체의 욕구에서 일어나는 행동과 마음과 육체가 동시에 욕구를 일으키는 경우도 있고 구분이 애매한 경우도 존재하지만 우리의 모든 행위가 욕구에서 일어나고 있다. 술 한잔 먹고 싶고 담배 한 대 피우고 싶은 욕망을 살펴보아도 마음이 먼저인지, 몸에서 당기는 게 먼저인지 잘 구분하기 어렵지만 금연 금주를 외치면서도 실천을 잘 못하는 걸 보면 몸의 욕망이 더 커 보이기도 한다. 청소년기의 자위행위도 하지 말자는 마음과 하고 싶은 마음이 갈등을 일으키는 게 마음보다 육체에 더 책임이 크다고 하겠다. 아무리 참으려 해도 자연의 섭리 자체가, 성숙한 육체에서 생성되는 호르몬은 배출되려고 하기 때문이다. 이 자연적인 현상을 두고 청소년기에는 마음에 많은 갈등을 일으키고 고민하고 자신의 의지력이 너무 약하다고 자책하면서 우울해지기까지 한다. 그러다가 선생님이나 의학 서적으로부터 청소년기의 자위행위는 자연적인 현상이니까 너무 괴로워하거나 자책할 필요가 없다, 다만 너무 자주 하면 건강을 해칠 수가 있으니 일주일에 한 번 정도가 적당하다는 말이나 지식을 접하면 그야말로 자위가 되어 자위를 하거나 한 후에도 마음이 편안해진 경험을 누구나 가지고 있을 것이다. 젊음을 지나 갱년기에 접어들면 만사가 귀찮고 시들하게 생각되고 우울증이 생기는 것도 우리 몸에서 일어나는 호르몬의 변화 때문에 그러하다.

몸 따로 마음 따로는 거의 없고 대부분 서로 간섭하여 생기는 것이고, 우리들이 하는 일상적인 행동은 습관에 의해서 무심코 하는 경우가 거의 대부분이라고 할 수 있다. 마음도 습관이 생기면 습관 따라 하고 몸도 습관이 생기면 습관 따라 행동한다. 습관은 에너지가 가장 적게 드는 에너지 효율의 법칙을 따르기 때문에 그러하다고 한다. 좋은 습관이나 나쁜 습관이나 다 이 법칙을 따르므로 한번 습관이 되면 고치기 어려우니 나쁘다고 생각되는 습관은 빨리 버리고 좋은 습관을 가지도록 노력해야 된다. 습관은 반복적이기 때문에 습관적으로 한 행동은 기억에 오래 남지 않으므로 우리는 세월이 지나고 나면 언제 세월이 이렇게 지났나 하고 놀라기도 하고 허무함을 느끼기도 하는데 이는 다 이러한 습관의 속성 때문이다. 그러므로 매 순간 깨어 있는 행동과 마음을 가지고 항상 나를 인식하고 내가 이것을 하고 있음을 상기하고 살아가면 보다 알차고 덜 후회하는 삶이 될 것이다.

# 쾌감이란

우리는 행복을 추구하며, 추구하는 행복을 느끼는 순간 쾌감이 동반된다. 쾌감은 정신적으로 느끼는 것이지만 우리 몸이 만들어내는, 쾌감을 일으키는 물질의 생성 때문이라고 한다. 우리 몸에서 생기는, 쾌감을 유발하는 호르몬은 종류도 많고 작용도 다양하고 불가사의하다. TV 프로그램 중 '특종세상'과 '세상에 이런 일이'란 프로그램을 보면 보통 사람들은 이해하기 힘든 행동을 하는 사람을 가끔 보게 된다. 쓰레기를 모으는 사람, 유기견을 잔뜩 키우는 사람, 보이지도 않는 전자파를 겁내서 이상한 행동을 하는 사람, 심지어 산에 불을 지르는 사람 등 별의별 사람들이 다 있다. 얼마 전에 살인을 저지른 악마와 다름없는 한 인간은 살인을 하면서 쾌감을 느낀다고 하니 입을 다물 수 없다. 도대체 인간 뇌의 작용은 어떠하길래 그러할까. 사자가 먹이 사냥을 하면서 쾌감을 느낀다면 이해가 되지만 인간이 살인을 하면서 쾌감을 느낀다니 정말 사람의 뇌는 난해하기 그지없다.

모두가 나름대로 즐거움과 행복함을 느끼기 때문에 하는 행동이라니 어이가 없다. 산불을 내는 사람은 화전민의 아들이었다는데 어렸을 적에 부모가 화전을 일굴 때 산에 불을 지르면 기분이 좋았다며 무려 17년간 94회의 불을 지르다가 잡혔다. 그 사람의 말을 들어보면 정말 우리의 두뇌 작용은 우리의 뇌인데도 알 수가 없다. 그 기억이 수십 년이 지난 후에 되살아나 그렇게 했다니 도무지 인간 뇌의 작용을 알 수가 없다. 화전민의 아들들이 다 그러하지 않은데 유독 그 사람만 그럴까, 아니면 다른 사람들도 그러고는 싶은데 참고 살아가는 걸까. 어떤 한 가지 일이나 사건을 보고도 보는 사람마다 다 다르게 받아들이고 자기 나름대로 해석해서 기억으로 저장해두었다가 어느 순간 그 기억이 떠오르면 행동을 하게 되나 보다.

우리들은 언제나 행복을 추구하고 좋은 기분을 가지고 살아가기 위해 오늘도 아등바등 열심히 살아가고 있다. 심리적이든 육체적이든 쾌감을 느끼기 위해 제 나름대로 제 삶의 방식대로, 때로는 새로운 무엇을 찾아서라도 즐기려고 한다. 흡연과 과음은 건강에 해롭다고 의사들이 그렇게 강조해도 금연을 못 하고 절주를 못 하는 것도 쾌감 유발 물질이 흡연할 때와 술을 먹을 때 나오기 때문이다. 더구나 지병이 있으면서도 끊거나 절제하지 못하는 원인도 쾌감 물질이 주는 그 쾌감을 참을 수 없어 아프면서도, 해롭다는 걸 알면서도 계속 먹거나 피운다. 욕망을 끊거나 절제하는 것이 힘든 것은 본능적인 것도 있지만, 습관을 바꾸지 못하는 육신과 마음의 결단력 부족이고 쾌감의 유혹을 물리치지 못하고 즐기고 싶어 하는 마음 탓이다. 그러다 일찍 생을 마감하고 마는 인생을 애달프게 생각해 동정심을 줄 것도 없다. 쾌감의 총 시간과 총량을 따지면 남 못지않게 많이 누리고 갔기 때문에 동정심을 주지 않아도 된다. 더구나 마약을 찾아서 그 쾌감을 누려 폐인이 되는 인간은 자업자득이니 누구를 탓할까마는 미욱한 인간들은 강제로라도 못 하게 국가에서 단속하고 있고 교육도 하고 있지만 몰래 기를 쓰고 부나비처럼 덤비는 인간의 심성은 정말 알 것 같으면서도 모르겠다.

어렸을 때 어떤 환경에서 어떤 교육을 받고 자랐느냐가 문제다. 인간은 어렸을 적 교육이 정말 중요하다. 어렸을 때 받아들인 정보는 깊게 각인이 되기 때문이다. 치매 걸린 노인이 아들 얼굴은 몰라봐도 말은 잊어버리지 않는 걸 보면 짐작할 수 있다. 그런데 작금의 교육 현실은 너무나 지식 위주로 되어가고 인성 교육은 대수롭지 않게 생각들을 하고 그렇게 아이들을 키우고 있다. 초등학생에게 스카이 대학 입시반이라는 과외 학원이 생기고 의대 준비반이라는 학원이 성시를 이룬다니 세계에 이런 나라가 다 있을까. 이게 정말 아이들을 위하는 교육이고 대한민

국의 장래를 위하는 일일까 생각하며 심히 우려되는 것은 노파심 탓일까. 지식만 난무하고 인성은 없는 사람들만 사는 미래 사회는 행복한 사회일까, 삭막한 사회일까 걱정스럽다.

사기를 잘 당하고 사이비 종교에 미쳐버리는 인간들 중에 유명한 지식인들도 많이 있다니 지식과 판단력은 다르다는 것이 증명된다. 미래의 사회에는 그 지식이 무슨 소용이 있을까. 인공지능이 더 많은 지식을 보유할 텐데. 판단력과 창의력이 더 필요한 시대가 다가오고 있는데. 더구나 요즘 아이들은 휴대폰만 들여다보고 산다. 게임에 정신이 팔려 친구와 노는 것도 육체적인 놀이는 별로 없고 게임을 통해서만 논다. 학교 운동장을 자주 살펴보는데, 친구와 놀이하거나 운동하는 아이들은 거의 없다. 어릴수록 감수성이 높아 받아들여 각인하는 게 크기 때문에 아이들의 교육은 정말 중요하다. 그래서 독일의 교육철학자 피히테는 나에게 교육을 30년만 시키게 해주면 세상을 바꿔놓겠다고 했고, 그 결과물이 제2차 세계대전 때 죽음을 겁내지 않고 웃으면서 전장으로 가는 소년병들이었다. 그들의 어깨를 두드리면서 웃고 있는 히틀러의 영상을 보면 정말 교육이 무섭구나 하고 느낀다. 사람들의 행동 대부분은 주입된 선입견에 의해서 무심코 습관적으로 하는 것이다. 그렇기 때문에 선동이 판을 치고 거짓 뉴스에 휩쓸리는 바보짓을 하게 된다. 그래서 세상은 어제도 오늘도 내일도 시끄럽다.

# T.M.S.란?

　경두개 자기자극이라는 의학용어이고, 우울증 치료를 위한 최신 치료법이라고 한다. 우울증은 뇌에서 생성되는 도파민과 세로토닌이 적게 생성되기 때문에 오는, 병 아닌 병이라고 할 수 있지만 우울증이 오래가고 심하면 극단적인 선택을 하기도 한다니 빨리 벗어나야 한다. 지금까지 약물치료나 심리치료 등이 시행되었는데 이 치료법의 원리는 뇌의 전두엽에 전자기파를 쏘아서 뇌신경을 자극하여 도파민과 세로토닌의 생성을 도와준다고 한다. 호르몬은 정말 신비한 물질이며, 신비한 작용을 한다. 기분 좋으면 기분 좋은 호르몬이 나오고 기분 좋은 호르몬이 나오면 기분이 좋아진다니, 어느 것이 먼저인지 아리송할 때가 많다. 기분이 나쁘면 화를 나게 하는 호르몬이 나와서 성질을 부리고 꽁해져서 말을 안 하기도 하고 심하면 폭행과 살인까지 하는 걸 보면 마음이 육신을 지배하는 게 아니고 육신에서 나온 호르몬이 정신을 지배하는 게 아닌가 생각이 들 정도다. 이 방법으로 시술한 후에 두 호르몬의 양이 증가했음이 증명되었고 우울 증세가 호전되거나 완치되었다고 한다.

지금까지 초음파나 MRI, X선 등을 이용하여 병변을 촬영하고 암세포를 죽이는 데 사용되던 의료기계가 이제는 사람의 기분까지 조절하는 시대가 됐다니 참으로 사람의 능력은 탄복할 정도로 발전해간다. 이 기술이 점점 발달한다면 지능 향상에도 도움을 줄 수 있지 않을까 상상해본다. 희유한 일이지만 번개를 맞아서 죽지 않고 살아남은 사람 중에 갑자기 머리가 뛰어나게 좋아졌다는 사람이 있었다고 하니 어쩌면 지능 발달에 도움이 될지도 모르므로 연구를 해볼 만하다고 하겠다. 벌써 MRI를 이용해 재능 파악 및 발달에 관하여 연구하고 있다고 한다. 하루빨리 이러한 기계가 발명되어 누구나 사용할 수 있는 날이 오기를 고대한다. 이미 극저주파를 이용해 불면증을 해소해준다는 제품도 나오고 머리를 맑게 해준다는 제품도 출시되고 있다고 한다. 아침에 일어나서 헬멧 모양의 이 기계를 머리에 쓰면 정신은 맑아지고 기분은 유쾌 상쾌 통쾌해지면 우리의 삶이 즐겁고 행복할 것이며 갈등으로 인한 다툼도 없는 평화로운 사회가 될 것이다.

참으로 인간의 뇌는 신비하고 불가사의하다. 조금 걱정스런 생각은, 이어폰을 너무 오래 사용하면 뇌종양이 생긴다고 하는 이야기도 있는데 이러한 제품들도 장시간 사용해도 괜찮을지 의문이 들지만 기우에 지나지 않기를 바랄 뿐이다.

# 가스라이팅에 관하어

　이 용어의 어원이 생기게 된 시초는 미국의 심리치료사 로빈 스턴의 저서 『가스등 이펙트』다. '가스등'이라는 잉그릿드 버그만 주연의 영화로도 만들어졌다. 가스라이팅이란 사람과의 관계에서 가해자가 거짓말과 억지와 협박, 구박, 멸시 등 온갖 야비한 수단을 동원하여 피해자의 정신을 흐리게 하고 판단력을 빼앗아 복종하게 만드는 것을 말한다. 한동안 뉴스를 뜨겁게 달구었던 가평 계곡 살인 사건이 대표적인 가스라이팅 사건의 표본이라고 할 정도로 세간의 관심을 모았다. 가해자는 여성이고 피해자는 남성이라니 물리적인 힘으로만 이루어지는 게 아니고 정신적인 힘으로도 성립이 된다는 게 우리를 놀라게 한다. 가해자는 미모는 아니지만 표독스럽게 생기지도 않은 보통의 여성으로 보이고, 피해자는 얼굴이 공개되지 않아 모습을 가지고 판단하기는 어렵지만 그 사람의 학력이나 사회적 위치를 보면 도대체 인간의 뇌는 어떤 작용으로 움직이는지 황당하다는 생각이 든다. 피해자는 좋은 대학을 나오고 큰 기업의 연구개발실에 근무한다는데 어떻게 그 여자에게 뇌를 점령당했을까. 도무지 일반적인 생각과 관념으로는 이해를 할 수 없다. 평소에 회사에서 근무할 때는 보통 사람들처럼 생각하고 행동했으니 평범한 직장인인데 어째서 그 여자 앞에만 서면 바보가 되었을까.

사랑하는 사람 앞에서는 바보가 된다고 하지만, 사랑하면 눈에 콩깍지가 씌어 보이는 게 없게 되고 판단력이 흐려지게 된다지만, 나도 연애를 해보고 사랑도 해보았는데 그녀를 좋아해서 일시적으로 약간은 멍청해져 자기 감정에 자기가 빠질 때도 있지만 판단력이 아주 없어지지는 않았다. 그러면 나는 그녀를 진정으로 사랑하지 않았을까 생각해봐도 그렇지는 않았던 것 같은데, 그 피해자는 왜 그렇게 그녀의 노예가 되었을까 생각해보다가 사람마다 자라온 환경이 다르고 어렸을 적에 어떻게 길러지고 자랐는지에 따라 생각하는 방법이 각각 다르게 형성되었기 때문에 그런 것 같다는 생각이 문득 들었다. 예를 들면 친구들 중에 특정 종교의 골수 신자로 살아가는 사람이 평소 보통의 이야기는 보통 사람과 별반 다르지 않게 주고받다가 자기 종교에 대한 비판적인 이야기를 듣게 되면 완전히 딴 사람으로 돌변하는 모습을 종종 보게 된다. 이전에는 그러한 모습을 보고 이해가 안 되었는데, 뇌과학에 대한 이야기를 듣고 뇌가 어떻게 작동되는지 대강 알게 되고 나서는 가스라이팅이 왜 일어나는지 어렴풋이나마 알게 되었다. 우리의 뇌는 반복적으로 같은 정보가 계속 들어오면 그것이 사실인 양 이해하고 저장해서 그 정보에 대한 반응이 한결같아지는 습성을 가지게 된다고 한다. 거짓 정보나 거짓말이나 달콤한 말이나 자꾸 들으면 그것이 사실인 양 생각하고 행동하게 된다.

선동은 옛날에도 있었지만, 대규모 선동은 라디오가 발명된 후에 온 국민을 가스라이팅한 독일의 히틀러 선전상 괴벨스에 의해 자행되었다. 지금은 독재국가의 방송 매체들이 그러하고, 자유국가라도 고의든 실수든 가끔 가짜 뉴스가 나오기도 한다. 요즈음은 유튜브에서 특정한 목적을 가지고 하거나, 재미로 그러한 짓을 하는 사람들이 늘어나고 있다. 가스라이팅을 당하는 멍청이가 되지 않기 위해서는 항상 정신을 똑바로 차리고 다양한 정보를 받아들여 판단력을 키워야 하겠다. 우리의 뇌도 컴퓨터처럼 신경세포에 크라우드 형태로 정보를 저장하고 정보 분야별로 앱을 만들어두고 검색 신호가 오면 그곳의 앱이 열려 좀 전의 이야기는 접어두고 그곳에서 저장된 정보에 따라 마음과 행동을 결정하게 되는 현상이 가스라이팅을 당하는 메커니즘이라고 생각된다. 그래서 일반적인 이야기를 주고받을 때와 자기가 혹해서 빠져 있는 이야기를 할 때는 완전히 달라져 이 사람이 좀

전의 그 사람이 맞나 싶을 정도로 돌변한다.

맹신하는 사람들은 거의 가스라이팅을 당하고 사는데 자기는 그런 줄을 모른다는 게 문제다. 종교든 정치인이든 이념이든 그것을 맹신하면 본인은 그 속의 일개 분자로 떨어지는 불쌍한 존재가 되고 만다. 그러지 않기 위해서는 자기의 판단이 옳은지 틀린지 항상 냉철하게 이성적으로 생각하는 버릇을 길러두어야 한다. 반복적으로 들어오는 정보로서 좋은 방향으로 가스라이팅을 하는 것에는 자기 수양을 위해서 읽는 책들, 각 종교의 경전들, 교양서, 자기 계발서 등이 있겠다. 수양이나 수행도 어떤 면에서는 자기가 자기를 가스라이팅하는 것이라 말할 수 있다. 한마디로 가스라이팅이란 버릇 들이기, 길들이기라고 말할 수 있다. 사자나 호랑이를 길들여서 강아지처럼 데리고 노는 사람도 있고, 순한 황소도 싸움소로 길들여 소싸움 대회를 열기도 한다. 어떤 형태로든 반복적으로 들어오는 정보에 대한 뇌의 반응적 작용이라고 말할 수 있겠다.

# 뇌에 뚜껑이 열리는 현상이란?

우리는 성질이 나서 어쩔 줄 모를 때 뚜껑이 열렸다고 표현한다. 영어에서도 화가 머리끝까지 날 때 뚜껑 열린다는 표현을 blow one's top이라고 한다. 본래 뚜껑이 열렸다는 표현은 진상이 드러났다는 뜻으로 쓰이지만 생각이 외골수로 뻗쳐 거기에 매몰되는 현상으로 주로 화가 나서 말하고 행동할 때 쓰인다.

그러나 우리가 말하고 행동할 때는 생각이나 마음이 일어나서 하는 것이고, 마음이나 생각은 우리의 뇌에 저장되어 있는 각종 정보의 어느 부분이 활성화되는 것이니 그 부분의 뚜껑이 열린다고 볼 수 있다. 즉, 우리의 어떤 생각이나 행동은 들어오는 정보를 받아서, 앞서 가스라이팅에 대한 내용 중 설명했던 대로 특정 정보를 저장해놓은 앱이 열리기 때문에 생기는 거라고 본다. 말하고 행동할 때마다 이 앱은 열리고, 저 앱은 닫히고 하는 과정이 생각과 행동과 대화할 때의 두뇌 메커니즘이라고 볼 수 있다.

불교에서 말하는 깨달음이라는 것도, 이와 같은 두뇌 메커니즘적으로 해석하면 지독한 자기 가스라이팅으로 인하여 어느 순간 뚜껑이 한꺼번에 다 열리는 것이다. 이로 인해 생각이나 마음이 한곳에 머물지 않고 통합적 마음이 일어나는 현상이라고 생각된다.

# 깨달음이란 무엇인가?

깨닫는다는 건 누구나 자주 접하는 일이다. 모르는 걸 알게 되는 것이 깨닫는 것이기 때문에 살아가면서 누구나 자주 겪게 되는 현상이다. 살아가면서 느끼는 깨달음은 새로운 지식을 접하거나 새로운 발상이 떠오를 때나 기존의 생각을 깨어버리거나 기존의 생각에서 벗어날 때 일어나는 현상이다. 우리는 누구나, 아니 모든 존재는 태어나는 순간부터 살아가면서 받아들이는 온갖 정보에 의해서 나름대로 생각의 틀을 만들고 관념의 성곽을 만들어 그 속에서 자기를 만들어간다. 특히 만물 중에 사람이 제일 심한 것 같다. 깨달음이란 이 틀을 깨부수는 걸 말한다. 생각의 틀인 고정관념을 깨부수는 건 생각보다 어려운 일인가 보다. 한번 자기의 성을 쌓아놓으면 거의 평생 허물 생각을 하지 않고 살아간다. 습관적으로 살아가기 때문이고, 허물기를 싫어하는

찾았다 꾀꼬리

거다.

　행동의 습관도 고치기 힘들지만 사고방식의 습관에서도 좀처럼 벗어나기 힘든 게 사람의 일반적인 속성인 것 같다. 자기의 생각이나 관념을 허물어버리는 순간 자기부정을 하는 꼴이 된다고 생각하는 것 같다. 그래서 사이비 종교에 빠진 사람도 좀처럼 벗어나지 못하고 누구를 좋아하는 팬덤 현상도 없어지지 않는가 보다. 사상의 전향이 좀처럼 일어나지 않는 것도 같은 맥락이다. 우리가 잘 아는 유명 영화감독이 칠순이 넘어서야 이승만 초대 대통령의 훌륭한 업적을 깨달아 다큐멘터리를 찍겠다고 한다. 그 깨달음을 얻기 전에는 어떤 계기로, 아마 반대 당 정치인의 세뇌에 걸려들어 이승만을 아무 업적도 없고 오직 나쁜 독재자로만 알고 있었다고 한다. 사람의 뇌가 얼마나 취약하고 고정관념의 영역을 깨부수기가 어려운지를 이분을 통해서 어렴풋이나마 알게 되었다.

　이와 같이 고정관념을 깨부수어 벗어나는 게 깨달음이다. 우리의 일상적인 관념에서 벗어나는 깨달음도 이러한데, 불교에서 말하는 깨달음, 즉 득도를 의미하는 이 깨달음은 궁극적으로 추구해온 의문이 한꺼번에 풀려버리는 것을 말한다. 지금까지 가지고 있던 모든 의문과 고정관념이 일시에 다 무너져 없어지고 완전히 벗어난 해탈의 경지를 터득하게 된다고 한다. 이 깨달음도 수행자의 근기에 따라 다 다르게 나타난다고 한다. 깨달음을 얻기 위해서 수행은 필수이나, 수행을 한다고 반드시 깨달음을 얻는 것은 아니라고 한다. 어떤 수행자는 평생을 해도 깨달음을 얻지 못하고 어떤 수행자는 몇 년 안에 깨달음을 얻기도 한다. 깨달음의 정도도 수행자마다 다 다르다고 한다. 깨달음을 얻는 순간도 다 다르다고 한다. 어떤 수행자는 닭 울음소리에 깨달음을 얻었고, 어떤 수행자는 대나무에 돌 떨어지는 소리를 듣고 깨달음을 얻었고, 또 다른 수행자는 스승님의 방을 맞거나 할을 듣고 깨달음을 얻었다고 한다. 예전에는 고행이 수행이라고 생각하는 사람들이 많았고 그래서 부처님도 6년의 고행을 하셨지만 깨달음을 얻지 못하시고 명상을 통하여 득도를 하셨는데 깨달음을 얻으신 후에 말씀하시기를 고행과 득도는 무관하다고 말씀하셨다.

깨달음의 정도와 순간을 살펴보면 뚜껑이 열리는 현상으로 보인다. 얼마나 많이 한꺼번에 확 열리는지 그 정도에 따라 깨달은 정도가 각기 다르게 나타나는 것 같다. 어떤 사람은 신통력을 동반해서 득도하기도 하고 어떤 사람은 신통력 없이 대오 각성하기도 한다. 깨달음을 얻으면 대개 오도송으로 그 경지를 표현하는데 일반인은 난해하게 느껴진다. 일반적인 의식이 사라진 초월의식의 경지, 즉 상식과 지식 및 선입견과 편견이 없어진 그러한 경지에 도달한 사람만이 느낀 그 어떤 의식세계에서 나오는 말이 오도송이요 게송이다. 이런 분들은 어린 아기처럼 천진

무구하게 살아간다고 한다. 어린 아기가 무슨 걱정을 하고 살아가나. 그냥 순간에 충실하게 적응하며 살아가는 거지. 아기들도 아집은 있어서 가끔 다투기도 하지만 집착은 없는 것 같다.

# 신통력과 예지력

　신통하게 보이는 재주를 부리는 기술은 마술이나 사술에 가깝다. 무협지에 보면 공중 부양을 해 날아다니는 사람도 있고 눈 위에 발자국을 남기지 않고 걸어간다거나, 물 위를 걸어 다닌다는 사람, 장풍을 발사하는 사람 등 온갖 신통한 술을 부리는 사람들이 등장한다. 불교에서도 여섯 가지 신통을 말하기도 하는데 신통술을 제일 잘한 사람은 목련존자라고 한다. 천안통으로 천 리 밖의 일을 볼 수 있다 하고 천이통으로 천 리 밖의 말을 들을 수 있고 신족통으로 천 리 밖을 단숨에 날아갈 수 있으며 타심통은 남의 마음을 알아낼 수 있고 숙명통은 전생을 알 수 있고 누진통은 모든 업이 소진되어 다시는 태어나지 않는다고 한다.

　과학이 발달하니 휴대폰만 있으면 천안통, 천이통은 아무나 할 수 있고 신족통도 제트여객기를 타면 아무나 가능하고 타심통은 지금도 인공지능이 점을 치고 관상을 봐준다. 진정한 의미는 물리적인 행위가 아니라 정신적인 의미를 담고 있다고 하겠다. 숙명통과 누진통은 진정으로 깨달음을 성취한 자만이 누릴 수 있는 경지라 한다. 본인의 전생을 알고 업장을 다 소멸하여 다시는 태어나지 않는 일은 어디까지나 본인의 일이기 때문이다. 지금도 어설픈 몸짓으로 공중 부양을 한다고 대중을 현혹하는 사람이 있고 한때 일본의 옴진리교 교주가 부양 쇼를 하고 사진을 찍어 대중을 많이 홀리고 끌어들이는 데 일시적으로 성공한 적이 있고 사기 행각이 들통이 나서 사형에 처해졌는데도 아직도 그 단체가 존재한다니 사람의 두뇌 작용은 정말 상식적으로는 이해가 안 되고 가스라이팅에 의해 일어나는 현상이라고 설명할 수밖에 없다.

예지력에 대해서는 더 황당한 사례가 많이 발생한다. 앞에서도 말했듯이 신전에 있는 여사제의 예지력도 엉터리가 많았고 점술가나 무당 등도 맞히는 것보다 안 맞는 게 더 많다. 유명한 예언가들, 노스트라다무스나 토정비결을 지은 이지함이나 격암유록을 지은 남사고 같은 분들의 예언도 여사제의 정신세계와 크게 다르지 않다는 게 현대 뇌과학자들의 해석이다. 신들려서 떠드는 소리는 현대 뇌과학자들이 밝힌 바에 의하면 뇌의 전두엽 특정 부분이 활성화되어 일어나는 현상이라고 한다. 환청이나 환시를 일으키는 조현병도 같은 맥락이라고 한다. 귀신을 보았다고 하고 귀신이 하는 이야기를 들었다고 하고 일반인과 같이 있으면서도 저기 귀신이 간다고 자기 눈에는 보인다고 한다. 귀신이 나오는 집에 촬영 팀이 같이 가서 적외선 카메라 등 여러 종류의 카메라로 찍어도 귀신을 촬영하는 데 실패했던 TV 프로그램도 있었다. 항암치료를 오래 한 독실한 기독교 신자가 있었는데 예수님을 두 번씩이나 만났다고 간증한 일이 있었고 그 사실을 다큐멘터리로 만들기도 했다는 이야기를 들었을 때 마음이 참으로 착잡했다. 김수환 추기경과 마더 테레사는 살아생전에 인터뷰를 했을 때 예수님을 한 번만이라도 만나면 원이 없겠다고 한 적이 있다. 왜 예수님은 그렇게 많은 사람들을 위하여 애쓴 그분들에게 한 번쯤 나타나시어 어깨라도 두드려주시지 않았을까. 그랬다면 그분들이 얼마나 감격해서 더 열심히 일했을까 생각하니 서운하기도 하고 아쉽기도 하고 야속하기도 해서 내가 괜스레 원망스러워진다.

또 성모 마리아를 본 사람이 많아 교황청에서 인정한 것도 있고 인정하지 않은 것도 있다는데 지방마다 본 사람마다 마리아의 생김새가 조금씩 달랐다고 하니 역시 본 사람들의 뇌 활성도, 즉 뚜껑이 열리는 정도에 따라 다르게 보인 것임에 틀림없다. 교황청은 어떤 기준으로 인정을 했는지 그것이 궁금하다.

# 유토피아는 어떤 곳일까?

　유토피아, 즉 이상향은 우리 인간들이 추구하는 낙원을 말하는데 그곳이 땅에 있으면 지상낙원이요, 하늘에 있으면 천상낙원이요 극락세계다. 천상낙원이나 극락세계는 누구도 갔다 온 사람이 없지만 다녀온 것처럼 묘사한 것을 보면 이것 역시 우리 인간들이 마음속으로 그리는 이상세계의 하나라고 생각된다. 지상낙원도 어디에 있는 곳도 아니니까 사람들이 만들고 싶어하는 세계임에 틀림없다.

　인간 역사가 이상세계를 건설하기 위한 몸부림의 결과라는 생각이 든다. 권력자는 권력자대로 자기 나름의 살기 좋은 세상을 만든다고 전쟁도 일으키고 독재도 한다. 종교가는 종교가 나름대로 사상가는 사상가 나름대로 이상세계를 구축하고 사람들을 설득하고 세를 모은다. 최종 목표는 모두가 평등하게 잘사는 세상을 구현한다고 부르짖는다. 사람들은 그 말에 홀랑 빠져 추종자가 된다. 정말로 모두가 평등하게 잘사는 세상이 있을까. 지상이든 천국이든 그러한 세상을 만들 수가 있을까. 단언컨대 절대로 그러한 곳은 있을 턱이 없고, 만들 수도 없다. 사람들은 각자 개성이 다르고 능력도 다른데 어떻게 똑같아질 수 있단 말인가. 만약 다 똑같이 잘사는 그러한 세상을 만들기 위해 사람도 똑같이 만들고 살아가는 환경도 다 똑같이 만들고 먹고 입고 살아가기 위한 모든 생활 수단을 다 똑같이 만들어서 산다면 과연 사람들은 행복하다고 느낄까. 행복을 느끼는 마음은 비교와 차별이 있기 때문에 생기는 것이지, 다 똑같은데 어떻게 느끼겠는가. 다 똑같다는 것 자체가 이 우주의 섭리에 맞지 않은 생각이다.

모든 것은 다 다르기 때문에 인연이 되어 서로 생성이 되는 것이지 다 같으면 존재 자체가 없어지고 생기지도 않는다. 음양이 있어야 존재가 생성되는 것이지 음만 존재한다면, 또는 양만 존재한다면 그것은 공의 세계요 무의 세계라고 할 수 있다. 그러므로 존재할 수도 없는 평등한 세계가 있다고 하거나 꿈꾸거나 주장하는 사람들은 바보이거나 아니면 자기들의 어떤 목적의식에서 사람들을 현혹하는 것에 지나지 않는다는 것을 알고 그런 말에 넘어가지 말아야 한다.

그러면 어떠한 세계가 이상세계일까. 그것은 각자의 개성을 서로가 인정하고 존중하면서 자기의 개성과 능력을 마음껏 발휘하면서 살아가는 세상이라고 할 수 있다.

# 부처님은 왜 인간으로 왔는가?

　부처님의 전생 경을 보면 부처님도 과거세에는 윤회를 많이 하셨는데 온갖 동물로도 태어나기도 하고, 사람으로 태어났을 적에는 과거세 부처님한테서 미래세에는 부처가 될 거라는 예언을 듣기도 하셨다고 한다. 그래서 현세에 인간들을 제도하기 위해 인간의 몸으로 오신 것이다. 사람으로 태어나서 사람으로 살아가면서 수행을 하면 부처가 된다는 것을 몸소 보여주신 것이기 때문에, 우리는 고타마 싯달타 왕자가 어떻게 인간으로서의 삶을 살아가면서 어떻게 부처가 되어갔는지 그 과정을 살피고 부처님처럼 살면 우리도 부처가 될 수도 있다는 것을 아는 것이 부처님이 우리에게 가르쳐주시러 온 은혜에 보답하는 길이라 하겠다.

　석가모니 부처님은 왕자로서 태어났지만 불행히도 엄마는 출산 후유증으로 바로 돌아가시고 이모님이 기르셨다고 한다. 아기가 무얼 알까. 먹을 것만 주고 아프지 않으면 잘 자라는 거지. 그럭저럭 잘 자라고 세월이 지나면서 결혼할 나이가 되니 결혼을 하게 되고 아기를 낳았다. 부처님은 자라면서 엄마가 돌아가셨다는 이야기를 듣고 허무한 마음이 들어 출가를 해서 인생이 뭔지 알고 싶어 출가를 하고자 아버지께 말씀드릴 때마다 거절을 당하고는 했다. 부왕은 아들에게 그런 마음이 생기지 않게 장가도 일찍 보내고 연회도 자주 베풀어 향락에 젖어 출가할 생각이 나지 않게 했지만, 부처님의 마음에는 그 모든 것이 허망하다는 생각에 기회만 오면 출가하리라 마음먹고 있었다.

그러다 어느 날 외출을 나갔는데 동대문에서 병들어 고생하는 노숙자를 보고 남대문에 이르러서는 늙어 쭈그러진 노인을 만나고 서대문에서는 죽은 사람을 메고 가는 것을 보고 아, 인생이라는 게 뭐냐, 결국 늙고 병들어 죽는 것이로구나 한탄을 하며 북문으로 가니 수행자가 지나가고 있었다. 수행자에게 물어보니 인생의 생로병사 문제를 해결하기 위해 수행을 하고 있다는 말을 듣고는 장소와 방법 등을 묻고 궁궐에 돌아와 행장을 준비해 한밤중에 아버지 몰래 말을 타고 담을 넘어 출가를 하고 말았다. 물론 아내와 아들에게도 알리지 않고 출가를 했으니 어찌 보면 비정하기 이를 데 없는 행동이라 할 수 있지만 보다 큰 인간사 문제, 더 나아가 생명 있는 것들의 근본적인 문제인 생로병사, 태어나서 늙고 병들어 죽는 문제가 왜 생기며 어떻게 해야 벗어날 수 있을지에 대한 해답을 찾아 중생들을 구제해야겠다는 원대한 염원 때문에 아비 노릇과 지아비 노릇을 버리고 출가수행의 길을 나섰던 것이다.

지난번에 만났던 수행자를 만나 지도를 받아가면서 열심히 수행을 하셨는데, 그 당시의 수행은 주로 고행이었다고 한다. 몸은 수행의 도구이고 학대해야만 깨달음을 얻을 수 있다는 믿음을 가지고 수행을 하던 시기였다고 한다. 그래서 고타마 왕자도 지도하는 대로 6년간이나 고행을 하셨다고 하는데 이때의 모습을 팔상정도에서 보면 그야말로 피골이 상접한 불쌍한 몰골이다. 고행을 해도 깨달음이 오지 않자 이 방법이 틀렸다는 걸 깨달으시고 수자타가 공양한 우유죽을 잡숫고 기운을 차리신 후 보리수 나무 아래에 앉아 가부좌를 틀고 삼매에 들어가신 지 며칠 후에 새벽에 반짝이는 별을 보는 순간 대오 각성을 하신 것이다.

이때 읊으신 오도송이 그 유명한 진리의 말씀, "이것이 있으므로 저것이 있고 저것이 있으므로 이것이 있다. 이것이 없어지면 저것도 없고 저것이 없어지면 이것도 없다"라는 인연법, 즉 연기법을 이 우주에 알린 것이다. 모든 것은 다 인연 따라 생기고 멸하는 것이기 때문에 생로병사도 그에 따라 생기는 것이므로 거기에 집착하여 기뻐하거나 슬퍼할 것이 없다는 것이다. 생기고 없어져 보이는 것도 다 우리의 인식 수준에서 그리 보이는 것이지 실제는 모든 것은 인연 따라 무한히 변화해갈 뿐이다. 고타마 왕자가 이런 인연법을 깨달은 순간 인간의 몸을 가지고 있지만 부처님의 경지에 올랐기 때문에 부처가 되었고 우리들이 부처님이라고 존경해서 부르게 된 것이다. 그러므로 우리도 부처님처럼 그러한 경지에 도달하면 우리도 부처가 될 수 있다는 걸 깨우쳐주신 것이다. 우리들 모두가 부처님처럼 인간으로 태어났고 먹고 마시며 성장했고 성인이 되어 결혼도 하고 아기도 낳고 살아간다. 그러므로 우리도 부처가 되고 싶으면 부처님이 수행하신 방법을 알아서 부처님처럼 수행을 하면 우리도 부처가 될 수 있음을 가르쳐주셨으니 부처님은 우리 중생들을 제도해주시겠다는 처음의 뜻을 이루신 것이다.

인연법을 확실히 알면 삶을 올바르게 살아갈 수 있고 그리 살아가면 근심, 걱정할 일이 없고 생기지도 않을 것이다. 부처님은 인간으로 태어나서 인간의 모습으로 살아가면서 어떻게 수행하여 부처가 되는지를 우리에게 보여주셨고, 부처가 된 후에 어떠한 삶을 살다가 어떻게 열반에 드셨는지도 우리는 알고 있다. 그렇게 보여주시고 간 부처님의 참뜻은, 사람은 누구나 수행하여 깨달음을 얻으면 부처가 되고 부처가 되면 마음에 걸림이 없는 영원한 대자유를 얻게 된다는 걸 가르쳐주신 것이다.

# 깨달음을 얻는다는 것은?

　깨달음이란 모르는 것을 알게 되는 것이라고 앞에서 이야기했듯이 생활 속에서 일어나는 많은 사소한 깨달음을 우리는 수시로 느끼고 산다. 수행을 해서 느끼는 깨달음도 선사들의 행적을 읽어보면 사람마다 그 깊이가 다 다른 것 같다. 그렇기 때문에 때로는 의견 충돌도 일어나고 서로가 틀렸다는 주장을 하기도 하고 그게 도가 지나치면 분파를 해서 독자적인 길을 가기도 한다. 가장 대표적인 게 소승불교와 대승불교로 나뉘어서 서로 자기의 영역이 옳고 상대는 틀렸다고 주장하는 것이다.

　소승불교는 각자가 깨달음을 얻어 부처님의 법을 알아서 행복한 마음으로 살아가면 된다는 것이고, 대승불교는 내가 깨달은 이 법을 나 혼자만 갖고 누리지 말고 다른 사람에게도 가르쳐주고 그들을 이끌어주어 우리 다 함께 불법의 기쁨을 누리자는 것이다. 어느 하나가 옳거나 틀린 것이 아니라 둘 다 맞는데도 서로를 비방하는 것은 아직도 마지막 아집이 남아 있기 때문이라고 볼 수 있다. 이 아집을 완전히 털어버려야만 부처님의 경지에 이를 것이다.

그래서 이러한 깨달음의 차이가 왜 생기는지를 생각해보면 깨달음의 순간에 터지는 우리 뇌신경의 뚜껑이 얼마나 많이, 한꺼번에 열리느냐에 달린 것이라고 생각한다. 참선수행에서 화두를 드는 것은 자기가 자기를 가스라이팅하는 것과 같고, 득도의 순간은 뇌의 활성화가 폭발적으로 일어나서 살아오는 동안 받아들였던 온갖 정보들이 한꺼번에 다 연결되어 우리가 상상할 수 없는 인식의 대전환이 일어나는 것이라고 생각된다. 그래서 뇌의 활성화 정도가 득도하는 사람마다 그 정도가 다 다르기 때문에 득도의 경지도 다 다르게 나타나지만, 어느 정도는 유사하니까 선각자가 후각자의 득도 경지를 선문답을 통해 인지하고 인정을 해준다고 한다.

득도를 하면 신통력도 따라 생긴다고 믿는 사람도 있지만 신통력과 깨달음은 별개인 것 같다. 신통력이 있어도 깨달음하고는 거리가 먼 사람도 있고 깨달은 사람이 신통력은 전혀 없는 사람도 있으니 신통력은 또 다른 어떤 경로를 통하여 생성되는 능력인가 보다. 뇌에서 일어나는 독자적인 능력이 아니고 우리가 아직 밝혀내지 못한 어떤 외부의 에너지가 우리의 뇌와 작용해서 생기는 현상이라고 생각할 수밖에 없다. 언젠가는 인위적으로 그러한 능력을 만들어내서 우리 모두가 신통력을 가지는 날이 올지도 모른다는 상상을 해본다.

# 민중불교는 정말 민중을 위하는 불교인가?

부처님의 가르침을 불교라 하는데 세월이 지나면서 분파가 일어나서 불교의 명칭들이 많이 생겼다. 전도 방법에 따라서도 명칭이 생기고, 교리의 해석에 따라서도 여러 명칭을 붙여서 수많은 불교 이름이 생기게 되었다. 이러한 모든 파생적인 것들을 부파불교라 한다. 불교만 부파가 있는 게 아니고 오래된 모든 종교에는 다 부파가 있다. 세계적인 종파는 너무 많아 말할 수도 없고 우리나라에 있는 종단 수도 신도 200명 이상 사찰 수 100개 이상인 종단이 10여 개가 넘는다. 각 종단마다 시조가 있고 신앙의 대상이 다 다르다. 민중불교는 아직 사찰은 없지만 단체로서 활동하는데 신도 수는 상당히 많은 것 같다. 주로 대불련이나 운동권 사람들이 모여 민주주의와 사회주의의 장점만을 따서 불교를 접목한 것 같은 논리로 세를 불리고 있는 것 같다.

불교가 나라를 위해서 또는 나라가 어려움에 처했을 때 앞장서서 목숨을 걸고 나서는 걸 호국불교라고 하는데 대표적인 분들로 서산대사, 사명대사, 영규대사 같은 분들이 있었고 근대에는 만해스님과 용성스님도 독립을 위해 고초를 마다하지 않았다. 민중불교는 원효대사가 그 시초라고 할 수 있는데 스님은 정말 순수하게 민중에게 불법을 전하기 위해서 어떻게 하면 쉽게 전할까 고민하다가 생각해낸 방법이 염불이었다. 그 당시나 지금이나 불교 교리를 제대로 이해시키기가 쉽지 않은 것이, 어려운 한문을 사용하여 기록해놓았기 때문이다. 지금은 한글 번역이 잘 되어 있어 접하기도 쉽고 이해하기도 쉽지만 신라시대에는 한문 번역밖에 없었으니 일반 백성들이 불교를 잘 이해하기란 정말 어려웠다.

그래서 원효스님이 생각해낸 포교 방법이 염불 송이었다. 그래서 대중들을 불교로 인도하고 설법도 하시고 모범도 보였다. 장가를 가서 설총을 낳으시고 술도 잡숫고 노래도 불렀으며 부처님의 인연법을 설하기도 했다. 모든 것은 인연 따라 생기고 지은 업대로 나타난다. 그러므로 좋은 인연 만들어 착하게 살아가면 현세에서도 내세에서도 복 받는다고 하셨다. 사람들은 원효스님을 파계승이라고 욕하기도 하지만 그것은 스님의 깊은 뜻을 모르고 하는 말이다. 장가가고 아기 낳고 술 먹고 노래 부르는 것은 아무나 할 수 있는 행동이고 삶의 형태다. 보통 사람들 누구라도 불법을 알고 불법대로 하면 좋은 인연이 오고 좋은 업보가 온다는 것을 몸으로 보여주기 위해서 보통 사람처럼 행동한 것이다. 불법을 전하기 위해서 하나의 방편으로 한 행동이었던 것이다.

불교의 계율 중에 불사음 불음주가 있는데 불사음은 아내나 남편 이외의 이성을 탐해서는 안 된다는 의미이고 불음주는 술 먹고 실수할까 봐 금하는 것이지 전혀 실수를 하지 않는 범위 내에서 마시는 술은 곡차라고 한다. 보통 사람들은 지극히 지키기 어려우니까 아예 안 마시는 것이 좋다는 의미로 나온 계율이 불음주다. 이와 같이 예전에 민중불교는 대중에게 직접 다가간다는 의미로 쓰였는데 지금의 민중불교는 사상성이 농후하다. 평등을 넘어서 균등을 부르짖는 운동으로 대중을 현혹하기도 한다. 언제 부처님이 평등과 균등을 말씀하신 적이 있는가. 평등과 균등은 얼핏 살펴보면 가장 이상적인 삶이라고 생각할 수 있고 많은 사람들이 현혹되어 공산주의나 사회주의가 마치 유토피아인 것처럼 착각하기 때문에 아직도 전 인류의 절반 이상이 은연중 동의하는 마음을 가지고 산다고 볼 수 있다.

모든 존재하는 것들은 다 나름대로의 개성과 능력을 가지고 태어나 살아가고 있다. 그래야만 이 우주가 존재하고 발전해나갈 수 있지, 만약 다 똑같다면 존재할 수도 발전할 수도 없다. 부처님은 인연법을 통해 서로 상대가 있기 때문에 존재하고 발전

하고 변화해간다고 가르침을 주셨다. 부처님은 남에게 피해나 손해를 끼치지 않는 정당한 방법으로 재물을 많이 모으고 남에게 베풀기도 많이 하라고 가르쳤다. 그러므로 부처님의 인연법을 제대로 이해하고 포교를 하여야지, 엉뚱하게 부처님의 위신력을 빌려 평등과 균등을 부르짖으면서 대중들을 선동해서는 안 된다.

출가한 젊은 비구승들 중에, 혹은 과거 운동권 출신으로 승려가 된 사람들 중에 평등을 부르짖으면서 마치 부처님이 그렇게 말씀하신 것처럼 선동하기도 하고 때로는 자기가 마치 원효스님의 경지에 오른 것처럼 원효스님 흉내를 내는 한심한 행동을 하는 모습도 가끔 보게 되는 것이 작금의 우리 불교의 실태다. 우리 불자들도 불교를 제대로 이해하고 부처님 법을 믿어야지, 사이비 승려나 승려 흉내를 내는 사람들에게 속아서는 안 된다. 그러기 위해서는 부처님의 가르침을 제대로 알기 위해 열심히 경을 읽어 부처님의 참뜻을 이해하고 수행해야 하겠다.

# 21세기에 걸맞는 불교의 번영을 도모하려면?

지난번 조계종단에서 실시한 사미승 모집에 지원자가 너무 없어 불교의 앞날이 걱정이라는 신문 기사를 보면 이제는 불교도 포교 방법을 바꾸어야 할 때가 온 것 같다. 중생 제도를 한다는 불교가, 사찰은 스님들의 수행처로 인식되고 자발적으로 찾아오는 신자들만 상대하는 전법 방식으로는 신도 수가 늘어나기는커녕 줄어들 가능성이 더 크다. 그나마 신흥 불교 쪽에서는 적극적인 포교 활동을 하고 있고 또 불교방송이 있어서 옛날에 비하면 많이 전법을 하고 있지만 호응도가 크게 향상되지 않고 있다. 그 심각성은 불교방송에서 적극적인 불교 신자를 확보하기 위해 만공회를 만들어 가입을 권하는데 목표 인원이 겨우 10만 공덕주라는데 아직도 몇 년째 목표 달성을 못 하고 제자리걸음을 하고 있다.

BBS 불교방송을 들으면 자주 듣는 만공회 가입 권유를 듣게 된다. ―여러분 안녕하십니까? 국악인 남상일입니다. 여러분, 만공회에 가입하여 세세생생 복덕을 누리시길 바랍니다. 만공회 가입 문의는 1855의 3000번입니다― 특유의 호소력 있는 매력적인 음성으로 호소하는데도 실적이 그렇게 없는 것 같다. 유명 연예인 중에 불자인 분들도 자주 방송을 하고 고승 대덕스님께서도 자주 가입을 권유하는데도 10만 공덕주 달성을 못 하고 있다. 그렇게 자주 특집방송을 하며 관심을 끌려고 애를 써도 회원 수가 늘지 않으니 뭔가 방법이 잘못된 것이 아닌지 검토해봐야 한다.

나이가 많은 세대는 이미 종교관이 굳어서 어떤 종교든지 신자 수가 늘지 않고 고정되어 있는 게 현실이다. 개종하는 것은 기대하기가 힘들고 그 숫자도 극히 미미하기 때문에 그것으로 신도 수를 늘리려고 해봐야 소용없다. 미래 세대, 즉 자라나는 어린 세대에 기대를 걸 수밖에 없는데 이 또한 고정 변수라 만만치 않다. 대개 부모가 믿는 종교에 자연적으로 노출되어 부모가 신봉하는 종교에 끌려갈 가능성이 농후하다만 고정 변수에서도 나머지 변수로서 아이들의 머리는 어른에 비해서 말랑말랑하기 때문에 변할 가능성이 충분히 있으므로 아이들의 머릿속을 파고들 묘책을 연구해야 한다.

아이들은 지금 휴대폰으로 게임을 즐기느라 시간만 나면 휴대폰을 가지고 논다. 앞으로 더 재미있고 실감 나는 게임 세상이 펼쳐질 것은 자명하다. 전자 기술이 하루가 다르게 눈부시게 변하고 있다. 지금도 아바타를 만들어 놓고 있고 앞으로 인공지능이 더 발달하면 거기에 더욱 빠져 살 것은 자명한 일이라 생각된다. 그러니 아이들의 게임 속 아바타에 불법을 접속시켜 은연중 불법이 최고라는 인식을 심어주는 게 미래의 불자 확보와 포교라고 할 수 있겠다. 재미있는 게임이란 무엇이냐 하면 그것은 게임의 콘텐츠가 결정한다. 다행히 우리 불교에는 대표적 포교 소설인 서유기가 있다. 황당하면서도 재미있고 은연중 불법의 힘을 알려주는 내용으로 구성되어 있고 그 내용의 재미는 어른들도 빠져든다. 조선일보 주말 섹션지에 연재되기도 했는데 요즈음은 아이 어른 할 것 없이 신문이나 책은 잘 읽지 않고 휴대폰만 보는 세상이 되었으니 휴대폰으로도 볼 수 있게 해주어야 한다.

그냥 만화나 소설로 연재하면 한 번만 보고 끝날 수 있으니 재미있는 게임으로 개발해서 나날이 접하도록 하면 가장 효과적인 전법 홍보가 될 것이다. 서유기에 나오는 사건들을 다 게임화하면 평생 해도 다 못 할 정도로 내용이 다양하고 풍부하다는 것은 누구나 아는 사실이다. 이렇게 하여 미래의 불자를 확보하고, 불교를 생활화하기 위해서는 재가불자들이 적극적으로 참여하여 할 수 있는 시스템을 개발하고 구축해야 할 것이다.

지금도 도심에 포교당이 있기는 하지만, 포교당이 좀 더 늘어나도록 하기 위해 주관은 스님들이 하되 재가불자 위주로 조직이 이루어지도록 하여, 신도들이 일상생활 속에서 부처님과 함께하고 있음을 항상 느껴서 올바른 사고와 행동을 하며 살아가는 게 불국정토의 실현이라고 생각한다.

# 부처님의 자비 사상

자비는 중생을 긍휼히 여겨 베푸는 부처님의 사랑을 말하는데, 자는 엄격한 사랑이고 비는 엄마가 아기를 생각하는 무조건적인 애절한 사랑에 비유할 수 있다. 그러므로 자는 아버지가 자식을 사랑하는 것과 같은 이성적 사랑이라 할 수 있으며 비는 엄마가 아기를 사랑하는 것과 같은 감정적이며 맹목적이며 무조건적인 사랑이라 할 수 있다.

아무것도 모르는 아기는 아무것도 모르는 중생과 같으므로 어느 정도 지식과 지혜가 생길 때까지는 맹목적인 사랑을 베풀어 보호해야 하겠지만, 말귀를 알아듣는 시점이 오면 이성적 사랑으로 대해야만 아기나 중생이 올바로 성장할 수 있다. 무조건적인 사랑만 받고 자라면 의존적이며 게으르며 판단력도 없는 무책임한 인간이 되기 쉽다. 그렇다고 처음부터 이성적 사랑으로만 키우면 냉철한 인간이 되어 타인과의 인간관계에서 소외를 당하게 될 것이다.

그러므로 자와 비를 조화롭게 잘 사용하여 원만한 인간으로 키우고, 그래서 한 인간으로서 살아갈 때도 자비롭게 사랑하고 행동하도록 해야 한다. 그래야만 서로의 관계가 원만하고, 우리의 사회 역시 평화롭고 행복한 세상이 될 것이다.

# 5W1H(육하원칙)와 존재에 대하여

어떠한 사건이 발생하면 기자는 육하원칙에 입각하여 기사를 작성한다. 누가 언제 어디서 무엇을 왜 어떻게 하였는지 소상하게 밝혀서 원고를 쓴다.

우주의 모든 존재가 생겨나는 것도 사건이기 때문에 육하원칙으로 살펴보고자 한다. 생겨나고 살아가는 모든 존재들의 근원적인 삶의 형태는 거의 같다고 볼 수 있기에 인간으로 국한해서 살펴보고자 한다.

'누가'는 당연히 '나'다. 이 세상에 존재하는 어떠한 그 무엇이라도 당사자에게 물어보면 다 '나'라고 대답할 것이다. 그 무엇은 사람만이 아니고 이 세상에 존재하는 모든 것들이다. 내가 이 세상에 존재하는 것이다. 부처님께서도 천상천하유아독존이라고 하셨다. 이 세상에 존재하는 '나'는 오직 하나뿐인 귀중한 존

찾았다 꾀꼬리

재라고 말씀하신 것이다. 우리 모두는 귀중한 존재임을 인식하고 살아가야 보람 있는 삶을 살아갈 것이고 자기가 자기 삶의 주인공임을 자각하고 살아갈 것이다.

'언제'는 존재하는 지금의 시간을 말한다. 지금의 이 시간은 자기가 존재하는 시간을 말하기 때문에 현재일 수도 있고 과거일 수도 있고 미래의 그 어느 시간일 수도 있다. 「홍길동전」의 저자 허균의 동생이 허난설헌인데 그녀는 시로써 중국에까지 알려진 재원이지만 개인의 삶은 불행했다. 그녀는 세 가지 후회되는 게 있는데 여자로 태어난 것, 조선에서 태어난 것, 술고래 고주망태 서방을 만난 것이라고 했다. 태어나는 그 시간을 자기가 마음대로 할 수 없지만 태어나고 보니 그렇다는 것이겠다. 우리 모두 자기 마음대로 태어날 수 없으니 좋은 시절에 태어나는 것도 나쁜 시절에 태어나는 것도 자기가 지은 전생의 업보 탓이려니 하고 살아갈 수밖에 없다.

'어디서'는 사건 발생의 장소다. 존재가 태어난 장소다. 같은 시기라도 조선에 태어났느냐 중국에 태어났느냐에 따라 허난설헌의 삶은 당연히 달랐을 것이다. 조선에 태어나도 어떤 집에 태어났느냐에 따라 달랐을 것이고 만약 지금 시대에 부잣집에 태어나 잘 자랐다면 시로써 노벨 문학상을 받았을지도 모르지만 그 시대 그곳에서 태어난 것이 그녀의 업보라면 어찌할 수 없는 것이다. 지금의 대한민국에 태어난 것도 내 복이고 내 업보라고 생각하며 감사한 마음으로 살아가는 것이 내 삶을 보람 있고 값지게 만들어가게 될 것이다. 만약 내가 가난한 나라에 태어나서 매일 먹을 걸 찾아 헤매는 신세라고 생각하면 얼마나 끔찍한 삶일까?

'무엇을'은 일어난 사건에 대한 자세한 설명을 말하지만 존재에 대한 설명으로 말하자면 어떠한 존재, 즉 무엇으로 태어났는지를 묻는 말이라 생각해볼 수 있다. '나'는 사람일 수도 있지만 온갖 생명체가 다 '나'이기 때문에 '나'는 소일 수도, 개일 수도, 벌레일 수도 있다. 사람으로 태어난 것에 감사하게 생각하며 살아가야 한다. 먹고 살아가는 게 힘들어 부잣집 개만도 못하다는 자괴심이 들 때도 생길 수 있겠지만 그래도 사람은 만물 중에 최고의 지능을 가져 부처님의 말씀도 들을 수 있으니 얼마나 감사한 일인가. 사람으로 태어날 확률은 맹귀우목이고 부처님 법을 만나는 확률은 침개상투라고 하니 지금 이 순간 사람으로서 부처님 법을 듣는 것만으로도 얼마나 다행이고 희유한 일인가. 부처님 법을 한 번 듣는 것이 무슨 대수이겠는가 생각하면 안 된다. 금생에 부처가 되지 못하더라도 이 인연으로 언젠가는 성불을 하게 된다고 부처님께서 말씀하셨기 때문이다. 이 우주는 억만 겁을 지나도 존재하니까. '무엇을'에는 목적의식도 포함되므로 무엇을 하러 태어났는지, 무엇을 위해 살아가고 무엇을 해야 할지도 생각해볼 수 있겠다.

'왜'는 사건이 벌어진 이유를 말하는 것이지만 존재론적으로 말하자면 존재가 존재하게 된 이유를 설명하는 것이라 하겠다. 어떤 인연으로 무엇으로 태어나 어느 곳에서 살게 되었는지를 말하는 것인데 현생의 부모를 만난 인연이 주된 원인이겠지만 더 멀리는 육도 윤회하는 전생의 업으로 이 몸을 받게 된 것임을 알아야 한다.

　'어떻게'는 사건의 전개 과정과 처리 과정을 설명하는 것이지만 이 역시 존재에 대해서 이야기해보면 존재의 환경에 대한 적응 과정으로 설명할 수 있다. 어떠한 환경에서 자라 어떠한 교육을 받아 어떠한 방법으로 살아가는가를 말한다. 사람으로 태어나든 짐승으로 태어나든 어떤 미물로 태어나든 각자 자기 나름의 삶의 방식을 터득하여 살아가고 있다. 어떤 존재로 살아가든 각자가 누리는 시간과 공간과 주위와의 인연 속에서 살아간다.

　결국 모든 존재는 언제 어디서 태어나서 어떠한 환경에서 자라느냐에 따라 그 삶이 결정된다. 소나무 씨앗이 바람에 날려 험한 절벽에 뿌리를 내려 살아가면 낙락장송으로 불리며 어렵고 힘들게 살아가고, 기름진 옥토에 뿌리를 내리면 장대하게 자라서 대들보나 기둥이 될 것이다. 나도 지금 시대에 태어나서 지금의 문명을 누리고 살아가지만, 우리의 조부모님만 하더라도 세탁기가 없어서 겨울에 얼음장을 깨고 손빨래를 하셨으니 지금 생각하면 참 많이 고생하셨다고 연민의 정이 생기기도 한다. 하지만 그때는 다 모두 그렇게들 살아갔으니 결국 삶이란 그리고 존재란 다 그렇게 언제 어디서 태어나든 간에 어떻게든 살아가는 것이다.

그러나 동시대에 태어나도 어디서 어떻게 살아가는지에 따라 개개인 삶의 질은 천차만별이다. 행복한 곳에 태어나 행복하게 살아가려면 전생의 업보를 잘 지어야 했고, 내생의 행복을 기약하려면 지금 삶에서 업보를 잘 지어야 한다. 현생의 삶을 가치 있고 보람 있게 살아가는 것이 현생을 행복하게 살아가는 동시에 내생의 행복을 보장받는 길이다. 그 길은 인연법을 항상 생각하며 살아가면 저절로 이루어지는 길이다. 언제 어디서 태어나는지는 내 마음대로 못 하지만 무엇을 위해서 무엇을 하며 살아가야 하는지, 왜 살아가야 하는지를 알고 어떻게 살아가야 하는지는 오로지 내 마음먹기에 따라 나에게 달린 원칙이다. 내 마음대로 하지 못한 '언제'와 '어디서'는 어쩔 수가 없는 것이지만 지금의 나를 있게 해준 모든 인연들에 감사하면서 매일매일 좋은 인연을 지어가면서 살아가면 앞으로의 삶이 더 나은 삶이 되는 것은 인연법이 보장해준다.

# 업보에 대하여

업이란 무슨 일이든 짓는 행위를 말하는 것이고, 보는 업에 따라서 생기는 결과를 말하는 것으로 과보라고 한다. 말하자면 이것은 인연의 또 다른 표현이다. 지은 대로 나타나는 법이다. 콩 심으면 콩 나고 팥 심으면 팥 난다. 심어놓고 잘 가꾸면 많은 수확을 얻을 것이고, 잘 돌보지 않고 팽개쳐두면 거둘 게 별로 없을 것이다. 개개인의 업보는 별업(別業)이라고도 하는데 쉽게 말해 자업자득이란 말이니 쉽게 이해가 되지만, 공업(共業)일 경우에는 논란의 대상이 되는 수가 많아서 한번 나름대로 생각해 보고자 한다.

공업이란 내가 직접 지은 업이 아닌데도 나에게 영향이 오는 과보를 말하는 것으로 전체의 일원이기 때문에 짊어져야 하는, 어쩔 수 없는 업을 말한다. 예를 들면 한없이 많겠지만 몇 가지만 말해보면 환경오염으로 인한 피해, 극심한 기후 변화에 따른 피해, 대형 사고에 따른 피해, 전쟁으로 인한 피해 등이 있겠다. 구체적인 예로 황사, 산불 매연, 지하수 오염, 홍수, 가뭄, 태풍, 벼락, 토네이도, 열차 탈선 사고, 압사 사고, 폭탄 투하, 원자탄 투하 등으로 내가 직접 지은 업이 아닌데도 내가 고스란히 피해를 입게 되는 경우가 생기면 억울하기도 하고 원망스럽기도 하여 운명론이나 숙명론에 빠질 가능성이 있다.

현재 내가 존재하기 때문에 전체 구성원의 일원이기 때문에 받아야 하는 과보니까 어쩔 수 없고 억울하지만 받아들여야 하는 게 공업이라니 산다는 게 허망하다는 생각이 든다. 억울하거나 허망한 생각이 들지 않게 하기 위해서 왜 이러한 공업이 일어나는지 살펴보고 마음의 위안을 찾아보자. 지금의 나는 언제부터 있어왔고 어디서 생겨서 어떻게 변화해서 오늘의 내가 있게 되었는지 살펴보면 의문이 풀리게 될 거니까.

장엄한 이 우주 법계는 하루아침에 이루어진 것이 아니고 무수한 겁 동안 인연 따라 이루어져왔다. 출발점은 공이다. 공이란 본래적 에너지로 충만한, 고요하며 움직임 없는 원초적인 것인데 우리가 알 수 없는 미묘한 인연으로 말미암아 움직임이 시작되고 한번 움직이기 시작하니 거대한 에너지 때문에 서로가 인연으로 작용하여 변화하기 시작하여 수억 겁을 거쳐 오늘의 우리가 있게 되었으니 그동안 주고받은 인연의 수는 거의 무한

대다. 홀로 이루어진 것은 없고 서로 영향을 끼쳐 개개의 존재가 되었으며 이 존재는 끝없이 인연 따라 변해갈 것이다.

존재란 에너지의 이합집산 결과이며 인연 따라 생긴 것에 지나지 않으니 공업 아닌 것이 없고 공업에 의해서 태어난 존재가 개별로 짓는 업이 별업인 것이다. 개별로 짓는 별업이 개개의 존재에게 가장 큰 영향을 미치겠지만, 공업에도 동시에 참여하는 것이 되므로 예상치 못한 업보는 우리가 알지 못하는 것일 뿐 우리가 받아야 하는 업보의 일부분이다. 카오스 이론의 나비효과와 같은 것으로 이해하면 알기 쉽고, 그래서 억울하지 않게 생각하고 받아들이면 마음이 편안해질 것이다.

# 군체의 분포율 - 수, 우, 미, 양, 가

　우리가 초등학교에 다니던 그 시절에는 통지표에 성적 표시가 수, 우, 미, 양, 가로 표시가 되어 있었다. 수를 받는 사람 숫자나 가를 받는 사람의 숫자 비율이 거의 같고 우와 양도 비슷한 숫자 비율이고 미를 받는 사람이 제일 많은 비율을 차지한다. 그 분포를 보면 대략 수와 가가 각각 5% 정도이고 양과 우가 대략 15% 정도씩이고 나머지 60% 정도가 미다. 아주 잘하는 사람이나 아주 못하는 사람이나 그 비율이 비슷하고 중간이 제일 많은 비중을 차지한다.

　이와 같은 결과가 오는 것은 자연적인 현상이며 우주의 법칙인 것이다. 그래야만 서로 공생할 수 있는 것이다. 원(圓)을 예로 들어 설명해보면 꼭짓점 부근을 구성하는 비율이 위나 아래나 다 5~15% 정도이고 중간 부분이 60% 정도를 차지한다. 아무리 꼭짓점 위치를 변경해도 그 비율은 일정하다.

이 우주의 법칙을 우리의 삶에 대입해서 설명해보면 이렇게 적용해서 말할 수 있겠다. 수학 성적으로 가를 받은 사람이 국어는 수를 받을 수도 있고 미술은 미를 받을 수도 있다. 우리 삶의 구성 비율도, 어떤 단체나 조직에서도 같은 현상이 일어난다. 그래서 유유상종도 상황이나 개인의 욕구에 따라 언제든 변하기도 해서 어제의 동지가 오늘은 배신자가 되어 서로 욕하기도 한다. 꼭짓점의 위치 변경에 따라 개개인의 위상이 그때그때 다 달라지기 때문이다. 어떤 때는 수, 우에 속하는 삶을 살아가기도 하고 때로는 양, 가에 속하는 삶을 살아가게 된다. 어떤 조건이 생기거나 주어졌을 때마다 본인의 대응에 따라 본인의 위상이 달라지게 된다는 말이다.

미가 전체를 구성하는데 제일 많은 기여를 하지만 대중적인 삶을 살아가게 된다. 수와 가에 속하는 것은 태생적일 수도 있지만 후천적인 노력으로 나타날 수도 있다. 태생적으로 수에 속하려면 왕족이나 귀족이나 재벌의 자손으로 태어나거나 천재로 태어나야 하고, 가에 속하면 가난한 집 자손이나 불구의 몸으로 태어나기도 한다.

어디에 어떻게 태어나는지는 전생에 지은 자기의 과보로 받는 것이기 때문에 누구를 원망할 수도 없다. 원망한다고 달라지는 것도 아니다. 다만 후천적 노력에 의해서 가에서 수로 만들어

가는 삶을 우리는 롯데그룹 창업자 신격호나 발명왕 에디슨이
나 건축가 안도 다다오 같은 인물에게서 보고 배워야 하고, 노력
을 하면 보다 나은 삶을 개척해나갈 수 있음을 알아야 한다. 이
승에서 지은 내 삶의 업은 다음 생에 보로 나타날 것이므로 좋은
업을 짓도록 항상 노력해야 한다. 이와 같이 인연법은 현재의 내
삶을 향상시키고 내세의 삶에도 영향을 미친다.

찾았다 꾀꼬리

# 단번에 이루고자 하는 욕망에 대하여

　사람들의 욕망은 끝이 없다. 욕망은 인류 발전의 근원적인 에너지이기 때문에 나쁘다고만 할 수는 없다. 자기 발전을 위하여 영원히 분출해야 할 에너지원이 욕망이다. 그러므로 욕망은 꼭 필요한 것이다. 그렇지만 문제는 욕망을 실현하는 방법이다. 타인에게 해를 끼치지 않을 뿐만 아니라 자기 자신에게도 좋은 결과를 가져오도록 해야 한다. 그 방법이 올바른 것인지 잘 판단하고 행해야 한다.

　사람이 발명한 돈 버는 방법이 많이 있지만 성실하게 노력하여 벌기보다는 일확천금을 꿈꾸는 사람들이 많다. 요행히 목적을 달성하는 사람도 있겠지만 실패하는 확률이 백 퍼센트다. 조금 벌었다고 다시 또 덤벼들어 더 많이 벌겠다고 하는 게 인간의 속성이기 때문이다. 재래식 일확천금의 방법으로는 경마, 경륜,

도박, 카지노, 복권 등이 있는가 하면 첨단의 방법으로는 암호화폐가 있다. 주식도 투기성을 띠면 손해 보기 십상이고 암호화폐 투자도 마찬가지다.

돈에 눈이 멀면 살인도 서슴지 않는 사건이 가끔 터지곤 한다. 하긴 무엇에든 눈이 멀면 판단력이 흐려지고 없어지기 마련이다. 눈이 멀지 않으려면 판단력을 길러야 한다. 판단력 기르기가 하루아침에 될 리 없다. 상식을 기르고 바른 생활관을 가지도록 생활 철학을 나름대로 가지고 있어야 하고 무슨 일을 하든지 한 번 더 생각하고 욕심을 앞세우면 절대 안 된다는 생각을 가져야 한다. 단번에 이룬다는 생각을 버려야 한다. 한 걸음 한 걸음 내 힘으로 이루어낸다는 생각을 가져야 한다. '위인이 도달한 고봉은 하루아침에 뛰어올라간 것이 아니다. 남이 잠자는 사이에 애써 한 걸음 한 걸음 올라간 것이다'라는 말을 상기하자.

세상에 무슨 일이든 거저 얻어지는 것은 하나도 없다. 공짜 점심은 없다. 이러한 정신을 가지고 살아가면 어떠한 사기에도 걸리지 않는다. 장학재단을 만들어 1조 7,000억 원을 기부하고 떠나신 삼영화학 명예이사장이던 이종환 님께서 후손들에게 당부하신 말씀으로 정도를 가라, 바른길을 가라고 하셨다고 한다. 허황된 생각은 아예 꿈도 꾸지 말라는 말씀이다. 성철스님의 법문 중에서 "자기를 바로 봅시다"라는 말씀이 있는데 영원한 자기의 본래 면목을 찾고 깨달아 해탈의 경지에 이르자고 하신 것이 본래 설법의 본뜻이지만 그 경지까지는 가지 못한다 해도 항상 자기를 돌아보고 상황을 정확히 판단하여 거짓에 빠지지 않도록 노력해야 한다.

단번에 이루겠다는 욕심만 버리면 된다. 우리가 사이비 종교에 빠지는 것도 같은 맥락이다. 자기가 노력하고 선업을 쌓아야 좋은 과보를 받는 게 우주의 인연법인데 힘들다고, 하기 싫다고 노력은 안 하고 자기만 믿으면 된다고 하는 꼬임에 빠져 인생을 망치는 예는 지천으로 널려 있다. 예나 지금이나 미래에나 끊임없이 일어났고 일어나고 있고 일어날 것이다. 게으르고 편한 것만 추구하는 인간들의 심성을 파고드는 군상들이 없어지지 않는 한 그러한 일은 항상 일어날 것이다.

식이요법이나 운동으로 몸을 다스리지 않고, 맛있다며 몸 생각하지 않고 실컷 먹고 살 빼는 약 먹어대는 인간군상을 바라보면서 동물들은 어떻게 생각할까 궁금해지기도 한다. 과학이 발달하다 보니 살 빠지는 약도 만들고 하지만 그 약이 우리의 몸을 나중에 어떻게 괴롭힐지는 아직 모른다. 인과에는 시차는 있지만 오차는 없다는 말을 명심하자. 단번에 이루어지면 좋은 게 딱하나 있다. 바로 돈오돈수다. 이것도 오랜 수행 끝에 오는 것이지, 금방 오는 건 절대 아니지만.

# 초자연적인 힘과 초능력

우리들이 알지 못하는 신비한 힘이란 현재까지 우리가 밝히지 못하거나 알지 못하는 어떤 힘을 말하는 것인데, 모르고 있다는 것이지 없는 것이라고는 할 수 없다. 이 우주에는 다양한 형태의 에너지가 있다는 것을 현대 과학은 하나씩 밝혀내고 있지만 아직도 모르는 게 더 많을지도 모른다. 고전 물리학에서는 생각하지도 못한 에너지들이 현대 물리학에서는 많이 발견되고 실용화되고 있지 않은가. X선을 필두로 갖가지 형태의 전자기파들이 의학과 과학에 이용되고 실생활에서도 휴대폰과 전자레인지에 사용되어 우리들의 삶을 풍요롭게 하고 있다.

모든 물체에서는 고유의 에너지가 생성되고 외부로 방출되고 있다. 에너지의 크기에 따라 그 힘을 우리가 이용할 수도 있고 너무 미약하면 사용할 수 없거나 아니면 증폭하여 이용할 수도 있다. 우리의 생각도 에너지고 힘이다. 그래서 일체유심조라는 말도 생겨났다. 지금은 그 힘이 과학화되어가고 있다. 뇌파, 즉 우리의 생각을 물리적인 힘으로 바꾸어 생각만으로 기계를 움직이고 조작할 수 있다고 한다. 곧 생각대로 움직이는 로봇이 장애인의 손과 발이 되어준다고 한다.

이와 같이 생각에서 나오는 에너지의 변환을 기계로 하지 않고 바로 다른 에너지로 전환할 수 있는 능력이 바로 신통술이 아닐까 생각해본다. 즉, 나의 생각이나 나의 뇌파를 곧바로 초음파나 엑스레이나 MRI로 바꾼다면 투시 능력이 생겨 온갖 것들의 내부를 볼 수 있을 것이고, 레이저나 마이크로파로 바꾼다면 다 태워버릴 수 있는 장풍을 쏠 수 있을 것이고, 중력파로 바꾼다면 바위를 들어 올리거나 공중 부양을 할 수 있어 물 위를 걸어 다니거나 날아다닐 수도 있겠다. 작두 무당들이 작두 위에서 춤을 춰도 발이 베지 않는 것도 이것으로 설명을 할 수 있지만 아무나 다 할 수는 없고, 그 경지를 획득해야만 될 텐데 그러한 경지를 얻기는 무한히 어렵기도 하지만 갑자기 얻을 수도 있는 것 같다. 작두 무당은 접신을 하여 얻는 것 같고, 종교수행자들은 수행의 결과로서 생기기도 하는 것 같지만 수행자 모두가 다 얻는 것 같지는 않고 개별적인 선천적 소질이나 체질이 아닌지 알 수 없다.

한때 TV에 초능력자 사냥꾼이라는 제임스 랜디가 출연해 유리 겔러를 비롯한 여러 마술사들과 심령술치료를 하는 심령술사들의 거짓과 사기술을 밝혀내던 재미있는 프로그램이 있었다. 랜디는 자신도 마술사기 때문에 스스로 자신은 솔직한 사기꾼이라고 하면서 마술의 사기술을 밝혀서 공개하고, 과학적으로 증명할 수 있는 초능력을 보여주는 사람에게 100만 불의 상금을 주겠다고 했는데 수백 명이 도전했지만 그의 시험을 통과한 사람은 한 사람도 없었다. 이 사실이 의미하는 것은, 초능력자라고 자처하는 대부분의 사람들은 엉터리 사기술로 대중을 기만하는 것이고 진짜 초능력자는 자기의 능력을 절대 노출하지 않거나 좀처럼 행하지 않는다는 걸 의미한다고 본다.

부처님이 득도 후 육신통을 얻었다고 하지만 좀처럼 다른 사람 보는 데서 신통을 부리신 적이 없고, 제자 중에서 신통술이 뛰어나서 신통제일이라는 별명을 듣는 목건련 존자가 어느 때 홍수가 나서 모두가 섬에 갇혀서 굶어 죽게 생겼을 때 "제가 신족통으로 밖에 나가 양식을 좀 구해 오겠습니다" 하고 부처님께 말씀드렸다가 혼만 나고 말았다고 한다. 신통술을 사람들에게 보이면 사람들은 신통술에만 정신이 팔리고 진정한 불법을 알려고 하지 않을 것이니 아무리 어렵더라도 절대로 신통술로 어려운 일을 해결하려고 하지 말라고 호된 꾸지람을 하신 것이다.

우리가 알 수 없는, 아직도 밝혀지지 않은 수많은 에너지들이 있는 것은 사실이며 이러한 에너지들이 어떤 때 어떠한 형태로든 나타나는 것이 초자연적인 현상일 것이고 이러한 에너지들을 사용할 줄 아는 사람을 우리들은 초능력자로 본다. 초능력이 생겨도 그러한 경지에 도달한 사람은 초능력을 사용할 필요성을 전혀 느끼지 못해 사용하지도 않는다니 그러한 초능력을 얻으려고 노력할 필요가 없지 않을까. 돈에 욕심이 지나쳐서 내일의 주식시세를 알아맞히는 초능력이 생기면 얼마나 좋을까 하고 욕심내는 사람에게는 절대로 그러한 초능력이 안 생기는 것은 우주의 진리다. 초자연적인 현상이 아니라도 북극에는 오로라가 생기는데 남극에는 왜 안 생기는지?

# 나는 입력된 정보의 총체다

선사들은 수행을 할 때 내가 누구이며 무엇으로 된 물건인가 하면서 끊임없이 따지며 본래 면목을 찾으려고 노력한다. '나'라고 하는 이 존재는 물질적인 요소와 정신적인 요소가 결합된 것이므로 어느 하나가 독립적으로 존재할 수는 없고 동시에 존재하는 것이라고 할 수 있는데, 수행자들은 육신은 정신을 담아두는 그릇이나 옷으로 생각하고 열반에 들 때에는 옷을 벗는다고 한다. 육신을 지배하는 것은 마음이고 윤회를 하는 주체도 마음이라고 한다마는 마음이 어떠한 것인지는 대도의 경지에 이르는 사람만이 안다고 하니, 언어도단의 그 경지를 어떻게 정확하게 말로 표현하지는 못하고 오도송으로 표현하는데, 그야말로 그 경지에 이른 사람만이 알아듣는다니 범인은 알 수가 없다. 범인의 경지에서 나를 한번 바라보고자 한다.

찾았다 꾀꼬리

물질적인 면, 즉 이 육신을 한번 살펴보면 얼굴이 보이고 팔다리가 있고 안이비설신이라는 기관이 있고 이를 통하여 외계의 온갖 정보를 받아들인다. 배고프면 밥을 먹고 목마르면 물을 마신다. 이 모든 요소를 구성하는 것들은 다 세포로 이루어져 있고 이 세포들이 조직을 이루고 기관을 만들어 육신이 잘 돌아가게 만든다. 세포들은 원자와 분자들로 이루어져 있고 원자와 분자들은 입자로 이루어져 있고 입자는 파장이고 에너지다. 에너지는 공에서 나오고 공은 에너지가 정지된 상태다. 육신을 근원적으로 따져보면 공에서 출발하여 이런저런 인연 따라 세포가 되고 조직이 되고 기관이 되어 '나'라고 애착하는 물건이 된다.

　　이 물건만으로는 내가 될 수 없다. 대상을 통하여 들어오는 정보를 오관으로 받아들여 인식을 해야만 비로소 내가 된다. 정보의 종류는 한없이 많고 다양하지만 내가 안다는 것은 나의 오관을 통하여 들어오는 그 정보가 나의 인지력과 식별력에 들어와 뇌신경세포에 각인이 되어 저장되면서 생각이 되고 마음이 된다. 이러한 과정을 태어나면서부터 수없이 반복하면서 내가 되어가고 시간이 지나면서 내가 변화되기도 한다. 그래서 육신적으로나 정신적으로나 분석적으로 보면 '나'라는 것은 실체가 없는 시간상으로 존재하는 것에 불과하지만, 연속적으로 일어나기 때문에 '나'라고 인식하며 살아가고 있는 것이다.

　　즉, 미분하면 '나'는 없지만 적분하면 존재하는 게 실상이다.

그래서 수행자는 미분해서 보면 집착할 게 없는 육신이며 삶이라는 걸 깨닫고, 애착이 없으니 걸림이 없는 대자유를 누린다고 느끼면서 살아간다고 한다. 평범한 사람들은 적분의 시간 속에 살아가기 때문에 '나'라는 이 존재에 애착과 집착을 일으켜 오늘도 오욕칠정에 매달려 쾌락과 고통 속에서 몸부림치며 살아가고 있다.

# 셀프 가스라이팅(Self Gaslighting)

　가스라이팅의 사전적 해석은 타인을 위한다는 명목으로 심리나 상황을 조작해 그 사람을 통제하고 조종하는 일을 말한다. 그러므로 셀프는 자기 자신이 스스로 하는 것이기 때문에 셀프 가스라이팅이란 자기가 자기를 가스라이팅하는 것이 되겠다. 우리는 자신을 위하여 끊임없이 가스라이팅, 즉 자기 암시 자기 최면을 하면서 살아간다. 훌륭한 사람이 되어야겠다, 돈을 많이 벌어야겠다, 남에게 존경받는 인물이 되어야겠다, 멋지게 보여야겠다 등 온갖 좋은 목표를 위하여 자기를 가스라이팅하며 살아가고 있다. 신념이 강한 사람일수록, 자기도취에 빠진 사람일수록 더욱 그러한 것 같다. 누구나 조금씩은 그럴 수 있겠지만 지도자의 위치에 있거나 사회적으로 영향력을 행사하는 사람이 그렇게 될 때가 큰 문제다. 사이비 종교 창시자들도 이러한 부류에 속하고, 독재자들도 모두가 강한 신념의 소유자들이어서 셀프 가스라이팅을 해서 자기도 착각 속에서 살아가고 자기들의 목표를 달성하기 위하여 남을 가스라이팅해서 광신도를 만들어 남의 삶을 망치거나 전쟁을 일으켜 인류를 곤란에 빠뜨리곤 했다.

수행자가 화두를 들며 화두에 몰입하는 것도 자기를 가스라이팅하는 거라고 볼 수 있겠다. 누구나 끊임없이 자기를 가스라이팅하면서 자기를 만들어가고 있다. 셀프 가스라이팅을 어떻게 하느냐에 따라 그 결과는 판이하게 달라진다. 성공하는 사람과 파멸하는 사람으로 나누어진다. 어떻게 해야 성공하는 삶을 살 수 있는지를 알기 위해 우리는 끊임없이 배우고 생각하고 정확한 판단력을 길러야 하겠다. 인과의 법칙을 확실하게 아는 것이 답이요 지름길이다.

# 인과를 의심하지 말라

남을 속이고 억압을 하고 온갖 비열한 짓을 하면서도 사회적 법망을 잘 피해 잘 먹고 잘사는 인간들을 보며 사람들은 인과의 법칙에 대해서 의문과 의심을 품는다. 나쁜 짓을 하면 벌을 받아야 마땅한데 왜 도리어 떵떵거리며 잘 살아가는 거야 하면서 의문을 제기하면 기독교에서는 다 하나님께서 깊은 뜻을 예비해놓았기 때문에 그렇다고 하고, 불교에서는 그 악업이 내세에 나타나 고통을 받을 거라고 한다. 말하자면 시차가 있다는 말이다. 불교 관점에서 살펴보면 시차뿐만 아니라 업이 발현되는 형태도 한없이 많다는 걸 많은 사람들은 간과하고 있다.

보통 사람들의 눈에 잘 먹고 잘사는 것처럼 보이는 것이 긴 시간으로 보면 찰나에 지나지 않으며 현세에서 받든 내세에서 받든 반드시 받게 되는 것이 자기가 지은 업에 대한 보로 나타나기 때문이다. 업도 에너지이며 보도 에너지이고 에너지는 형태가 변해도 절대 소멸되지는 않는다는 것이 우주의 법칙이다. 남에게 해코지할 때의 본인의 마음 에너지와 피해를 입은 사람들의 원망과 저주의 에너지들이 결코 소멸되지 않고 작용하여 나타나는 것이 업보다. 인과법은 우주의 기본 법칙이므로 절대로 피할 수 없다. 불구의 몸으로 태어나거나 살아가다가 불구가 되는 현상을 무엇으로 설명할 것인가. 다 전생에 지어놓은 업이 시간 따라 발현한 것으로 볼 수밖에 없다.

# 속지 않고 사는 지혜

    사기 치는 인간들이 왜 존재하는가 하면 그것은 속아주는 사람들이 있기 때문이다. 남의 것을 빼앗아 내 것으로 만들려는 욕심을 내는 인간들이 없어지지 않는 한 이러한 일은 끊이지 않고 일어날 것이다. 속이는 사람의 욕심이 속는 사람들의 욕심을 이용하는 것이 사기의 본질이다. 아무도 속지 않으면 사기는 저절로 없어지게 되겠지만 인간 본성이 욕심으로 가득 차 있어서 알게 모르게 스스로 속게 되는 것이다.

    모든 범죄에는 가해자가 있고 피해자가 있는데 경제 범죄는 피해자가 알게 모르게 가해자가 되는 경우가 많다. 다단계 판매 수법이나 일확천금을 노리는 투자, 예를 들면 그 옛날의 튤립 종자 투자나 지금의 가상화폐 투자나 다 같은 맥락이요 수법이다. 인간 심리가 예나 지금이나 변한 게 없기 때문이다. 미래에도 아마 같은 일이 수없이 되풀이될 것이다. 손해 본 것을 만회하기 위해 남을 끌어들여야만 하니 피해자인 동시에 가해자로 나선 꼴이 된다. 세계의 부자, 투자의 귀재라는 워런 버핏은 한 개에 수천만 원 하는 비트코인을 한 짐을 지고 와도 단 일 달러하고도 바꾸지 않겠다고 했다. 태환 가치가 없어 보이고 시세가 널뛰기 하는 걸 보고 그렇게 판단했을 것 같다. 버핏의 가치관을 가지고 판단을 하면 사기성 범죄에 말려들지 않을 것이다.

남에게 속지 않으려면 내 나름의 생활 철학이 있어야 한다. 일확천금은 없다. 공짜는 없다. 노력하지 않고 그저 얻어지는 것은 아무것도 없다. 감언이설에 혹하지 말라. 좋다고 꼬드기면 그것은 거짓말이다. 진짜로 좋은 게 있다면 자기가 다 하지, 남에게 권할 리 없다. 내 판단은 맞다는 오만과 편견을 버려야 바로 보인다. 행운과 불운은 같이 다닌다. 자기 발전을 위한 건전한 욕망은 삶의 에너지원이기 때문에 반드시 필요하지만 과유불급이란 말을 항상 염두에 두고 적절히 사용하면 살아가는 데 큰 실수는 안 하고 잘 살아갈 수 있겠다.

평범함 속에 비범함이 있다는 말이 있듯이, 평범한 삶을 살아가다 보면 비범한 삶을 살아가는 날이 오기도 하는 게 인생살이다. 평범한 삶을 살았던 사람이 나중에 뒤돌아보면서 느끼는 감정은 평범한 삶이 비범한 삶이라고 절감하는 것이다. 평범한 삶은 염라대왕도 탐낸다는 유머도 있지 않은가.

# 마음이란 무엇인고?

　마음이란 나에게서 일어나는 현상이다. 누군가 생뚱맞은 짓을 할 때 왜 그랬냐고 나무라면 내 맘이야 하고 떠벌린다. 마음이 무엇인지 선지식들은 참 마음, 즉 참 나를 찾으라고 한다. 제자가 마음이 괴롭다고 하니 선사께서 내가 편안하게 해줄 테니 그 마음을 이리 가져오너라 하니 제자가 아무리 찾아도 마음을 찾을 수가 없습니다 하는 순간 깨달음을 얻었다는 이야기가 전해온다. 그 마음은 수행을 하고 득도를 해야 안다고 하니 각자가 깨달음을 얻어서 알아내야 할 것이다. 언어도단의 경지라니 여기서 말이나 글로 표현할 수도 없으니 이 마음은 제외하고 언제나 구름처럼 피어오르는 보통의 사람들, 우리들의 마음을 한번 살펴보고자 한다.

　이 마음은 모두가 인연에 의하여 시시각각 생기는 사안에 따라 일어나는 현상일 따름이다. 마음이 일어나려면 물질적인 존재가 있어야 하는데 이 존재는 공에서부터 인연 따라 생겨나서 한없는 진화를 해온 끝에 오늘의 내 육신이 되었고 이 내 육신에는 생겨나면서부터 오늘까지 육근 육식을 통하여 받아들인 모든 정보가 축적되어 있는 게 지금의 나고 이 나에게서 시시각각 생기는 인연 따라 일어나는 생각을 마음이라고 하는 것 같다. 그리하여 이 마음은 시시각각 사안에 따라 일어나게 되니 구름처럼 한없이 피어나고 사라지고 잠시도 없어지지 않고 생겨난다.

이 마음 가운데에서 선택해서 무엇이든 하게 되는 게 우리들 일상의 삶이다. 그래서 마음을 '먹는다'라고 한다. 최희준 가수가 부른 '팔도강산'이란 유행가에도 잘살고 못사는 게 팔자만은 아니고 마음먹기 달렸더라는 가사도 있다. 일체유심조라고, 마음은 모든 것을 만든다. 젊은이들의 장래는 아무도 모른다. 그들이 무엇이 되겠다고 결심을 하고 노력을 하면 이루어내기 때문이다. 마음을 어떻게 먹느냐에 따라 인생이 달라진다. 우리들의 마음은 오욕칠정에 이끌려 다닌다. 우리들의 마음이 일어나는 원인 제공 인자가 오욕칠정이기 때문이다. 마음은 항상 변한다. 마음의 일부인 생각도 관념도 다 인연 따라 끊임없이 변한다. 인연이 시시각각 변하기 때문이다.

한때의 유행어 이생폭망이란 말은 일확천금을 노린 투기성 자산 자본 증식의 욕망에 포모 현상까지 겹쳐 젊은이들을 좌절에 빠뜨린 현상을 극단적인 말로 표현한 것이다. 젊은이들이여, 너무 절망하지 마라. 이생의 시간은 길다. 얼마든지 만회할 시간이 있다. 지나간 시간인 어제는 전생을 살았고 오늘의 이 시간은 이생이며 내일은 내생이다. 오늘은 항상 있다. 내가 살고 있는 한 오늘은 존재하고 이생은 내가 살아가는 바로 오늘인 것이다. 그러므로 마음먹기에 따라, 즉 마음을 긍정적으로 바꿔먹으면 얼마든지 상황을 역전시킬 수가 있는 것이다. 본능적인 욕망과 감정에 좌우되는 이 마음을 억제와 절제로 다스리고 보다 차원 높은 목표와 생활 철학으로 내 마음을 인도해야 보람 있고 후회가 적은 삶을 영위할 수 있을 것이다.

억제와 절제의 방법으로 권장하는 게 호흡법이다. 마음이 일어나 행동하기 전에 심호흡을 열 번 이상 하면 보다 올바른 판단을 하는 데 도움이 된다고 하니 실천해보자. 세상사 마음먹기에 달렸다는 말이 진리다. 원효스님이 해골바가지에 고인 물을 잡수시고 하신 말씀이다.

# Say No, Say Yes

인생살이에서 노와 예스는 선택의 문제이기 때문에 항상 우리 생활에서 매 순간 일어나며 떼려야 뗄 수 없는 현상이다. 그렇다고 예스와 노만 가지고 살아갈 수는 없기 때문에 가끔 maybe를 사용해야 할 때도 생긴다. 누군가 이것들의 관계를 유머러스하게 설명한 글을 본 적이 있다. 외교관이 예스라고 하는 것은 메이비로 새겨듣고, 메이비 하면 그것은 노라고 하는 것이며, 노라고 대놓고 얘기하면 그는 외교관 자격이 없다. 숙녀가 노라고 하면 메이비로 받아들이고, 메이비 하면 예스라고 알아들어도 되고, 예스라고 대놓고 말하면 그는 숙녀가 아니다. 단순한 우스개가 아니고 예스와 노와 메이비를 선택하는 것이 어렵다는 걸 말해준다고 생각된다.

노는 부정적인 의미지만 창의적인 긍정의 의미를 내포하고

찾았다 꾀꼬리

있기도 하다. 상대의 말이나 생각에 노라고 말하면 나에게 더 나은 어떤 대안이 있다는 걸 암시하기 때문이고, 내 자신에게 노라고 하면 지금 하고 있는 내 판단과 행동이 적절치 않아 더 나은 방법을 모색하겠다는 의미이기 때문이다. 창의적인 생각이란 어떠한 것인가 하면 현재의 사고나 행동에서 벗어나서 다른 관점에서 바라보고 생각해보는 것이다. 이걸 잘못 이해해서 삐딱하게 바라보고 생각하는 거라고 오해해서 억지로 행동하고 생각하고 말하고 하는 오류를 범하는 사람들이 의외로 많다. 어떤 일을 하든 부정적인 관념을 가지고 있으면 그 일이 올바르게 이루어질 수 없다. 항상 긍정적이고 적극적인 마음을 가지고 해야 창의성이 일어나서 남다른 성과를 낼 수 있다.

# 오도(깨달음)가 일어나는 현상

    우리의 뇌는 받아들인 정보를 저장하는데, 비유해서 말하자면 그 정보를 뇌세포라는 단지에 담아 뚜껑을 닫아서 보관하는 것이라고 본다. 앞에서는 정보를 저장하는 방법으로서 앱이라고 했는데 앱을 단지에 비유해서 설명해보아도 개념에는 별 차이가 없어서 이해하기 쉽게 단지로 묘사하고자 한다. 정보에는 경험에 의해 보고 듣고 하는 오감을 통해서 생기는 것도 있겠고 사고를 통해서 자기가 생각해낸 것도 있을 것이다. 생각이 나거나 생각한다는 것은 이 모든 정보의 단지 뚜껑을 생각의 커서, 마음의 커서가 찾아가서 필요에 따라 열어보는 것으로 비유해본다.

    최면술을 거는 걸 보면 기억이 단지에 저장된다는 비유가 그럴듯하다는 생각이 든다. 최면을 당하면 평소에는 전혀 생각하지 못하던 기억을 해내는 걸 보게 된다. 잠재의식의 영역에 담겨 있는 기억의 단지를 찾아내어 뚜껑을 열게 하는 게 최면술이라는 생각이 든다. 보통의 생각은 육식 안에서 이 생각 저 생각이 동시에 일어나기도 하고 꼬리를 물고 일어나기도 하는 것이 단지의 뚜껑을 여닫는 것이라고 가정하면, 화두에 몰입한다는 것은 다른 모든 단지의 뚜껑은 다 닫아놓고 화두의 뚜껑만 열어놓는 것이라고 말할 수 있겠다. 화두에 몰입해도 순간순간 다른 생각이 떠오르거나 스치기도 하는 게 수행자의 마귀라고 한다. 그래도 잡생각을 지우고 화두에만 몰두하여 어느 순간 몰입이 되고 화두 단지의 뚜껑마저 꽉 닫혀버리는 순간 정보 단지의 압력이 폭발하여 모든 뚜껑이 일시에 열리는 현상이 생기는 것이 오도의 순간이라고 본다.

이때 일어나는 마음 작용은 경험을 해보지 않은 사람은 알 수도 없겠고 깨달은 자만이 알 수 있을 것이며 그 감격을 오도송으로 읊어서 표현한다. 그 오도송을 깨달은 선사 누구나 자기 나라 언어로 표현하니 달리 표현할 방법이 없다는 것이 사람의 한계인 것 같다. 왜 오도송이 난해하고 어려운지는 본인 외에는 그 기쁨을 알 수 없고 인간의 언어로는 완전히 표현할 단어가 없기 때문일 것이다. 쉽게 비유하자면 어른이 되어야 알 수 있는, 속된 말로 홍콩 갔다 온다는 경지를 아무것도 모르는 어린애한테 아무리 설명해보아야 아이는 알 수도 없고 알아듣지도 못한다.

확실하게 알려면 자기가 성인이 되어서 경험해보아야 알 수 있는 것과 같다 하겠다.

오도의 경지나 홍콩의 경지나 사람마다 다 다르게 느껴질 것이고, 그래서 깨달은 사람도 서로 인가하면서 아직 멀었다고 하기도 하고 완전히 깨달았다고 하기도 한다. 정보 단지의 뚜껑 열리는 현상으로 말하자면 완전히 다 열리느냐 아니면 덜 열리느냐의 상태에 따라 다르게 나타나는 것 같기도 하다. 일차 깨달음이 오고 나중에 완전한 깨달음을 얻었다고 하는 표현들이 선사들의 전기에 나오기도 하는 걸 보면 짐작할 수 있다.

찾았다 꾀꼬리

# 삼매의 경지

삼매는 깨달음으로 가는 과정의 한 부분으로 여기기도 하지만 깨달음 자체는 아닌 것 같다. 부처님도 설법을 하시거나 탁발을 하시거나 무엇을 하실 일이 없을 때에는 항상 삼매에 드셨다고 한다. 삼매는 수행의 방법으로 화두를 들거나 호흡법을 하거나 여러 방법들이 있지만 목적은 정신 통일을 이루어 잡념을 물리치고 깨달음을 얻기 위한 방법으로 사용하고 있다. 현재는 확대해석해서 몰아의 경지를 말하기도 한다. 몰아가 되는 순간 근심, 걱정이 사라지니 보통의 사람들도 삼매에 드는 것을 좋아하는 것 같다.

보통 사람들의 보통 때 행동과 생각은 자기를 어떻게 하면 더 강하게 만들어 남에게 과시할지를 으뜸으로 여기고 사는데, 혼자가 될 때나 재미와 취미에 빠져 몰아가 되는 걸 즐기고 좋아하는 걸 보면 참으로 인간의 묘한 이중성을 보는 것 같고 인간성 자체가 모순인 것 같다. 사는 게 얼마나 힘들면 억지로라도 몰아의 경지를 즐기겠다고 불멍을 하고 물멍을 한다고 하니.

건전한 몰아의 경지는 독서나 운동을 하거나 봉사하는 마음에도 있겠지만 나쁜 방법으로 몰아의 경지를 추구하는 인간들이 많은 게 사회적인 문제다. 마약, 술, 도박, 성매매 등으로 어제도 오늘도 내일도 시끄러운 게 인간사다. 휴대폰으로 게임을 즐기면서 몰아의 경지에 빠져 걸어가는 아이들이나 철없는 어른들을 보면 사고 날까 봐 걱정이 되기도 한다. 수행의 경지까지는 가지 않더라도 건전한 방법으로 때와 장소를 잘 선택해서 몰아의 경지를 가끔씩 누리면서 살아가면 사바세계의 힘든 삶 속에서 때때로 행복한 삶을 살아가는 데 도움이 될 것이다.

# 법 등명 자 등명 하라

    부처님이 돌아가실 때 대중들에게 마지막으로 당부하신 말씀이 있다. 그것은 게으르지 않게 열심히 정진하여 법 등명 자 등명 하라는 것이었다.

    법 등명이란 부처님이 설하신 법, 즉 우주의 변함없는 진리인 인연법을 항상 숙지하고 중생들에게 그 빛을 밝혀 중생들이 삿된 지식에 빠지지 않게 하라는 것이다. 이 세상에 변하지 않는 것이 없지만 인연법은 영원히 변하지 않는 진리다. 인과 연이 만나서 세상이 생기고, 인과 연이 만나서 변화가 생기고, 변화는 잠시도 쉬지 않고 계속되므로 이 우주는 영원히 지속될 것이다. 우주의 존재 자체가 곧 인연으로 이루어진 것이다. 그러므로 인연법을 제대로 알면 밝게 살 수 있다는 말이다. 원하는 인연을 만들도록 노력하면 된다니 얼마나 밝은 지혜인가.

자 등명이란 모든 개개인이 본디 가지고 있는 등불, 즉 자신을 밝힐 수 있는 지혜를 말하는 것으로 인연법을 확실하게 깨달아서 스스로 열심히 좋은 인의 주인공이 되고 다른 사람에게는 좋은 연이 되어주면서 밝은 마음을 가지고 살아가라는 것이다. 항상 인연법의 진리를 생각하고 행동하면 밝은 삶을 살아갈 수 있다는 말씀을 들려주시고 당부하시고 열반에 드신 것이다.

# 부처님의 가피

가피란 부처님께 서원을 말씀드리고 도움을 주십사 하고 빌면 부처님께서 소원을 들어주신다는 것을 의미한다. 그런데 정말 그런 일이 일어날 수 있을까.

불자들 중에 가피를 입었다는 분들도 있고 아직 못 느꼈다는 분들도 있는데 누구는 가피를 주고 누구는 가피를 주지 않는다면 부처님은 불공평한 분이라고 투덜댈 수 있겠다. 가피란 나와 부처님의 교감이라고 할 수 있기 때문에 받고 못 받고는 순전히 나에게 달렸다. 나의 마음 그릇 크기에 달렸다. 내 마음의 그릇 크기에 따라 부처님의 가피가 담긴다. 비유하자면 부처님의 가피력이 하해와 같이 많아도 내 마음 그릇이 사발만 하면 그만큼 담길 것이고 독만큼 크면 독만큼 담기고 큰 저수지만 하면 그만큼 많이 받을 것이다. 그러니 내 마음의 그릇 크기에 따라 가피를 얼마든지 많이 받을 수 있다.

　어떻게 해야 내 마음의 그릇을 키울 수 있을까. 부처님의 말씀을 항상 생각하고 실행에 옮기면, 즉 인연법을 항상 생각해서 좋은 인연 지어가면서 살아가면 내 마음 그릇은 나날이 크게 자라날 것이다. 간절한 마음으로 염원하고 기도해야지 행여 건성으로 하면서 가피를 바라기만 해서는 안 된다. 부처님의 가피가 어떻게 해서 우리에게 전수가 되는가 하면 부처님의 기가 에너지 형태의 장으로 존재하기 때문에 우리의 기가 부처님의 기와 에너지 파장이 맞아서 서로 통할 때 수수(授受) 현상이 일어나기 때문이다. 일반적으로도 기도발이 잘 받는다는 말을 하는데 이 말은 그 대상과 내가 교감이 잘 일어난다는 걸 말한다. 그 대상이 자연적인 그 무엇이든 인공적인 그 어떠한 것이든 간에 모든 존재에는 각자 고유의 에너지장이 존재하기 때문에 일어나는 현상이다. 그래서 요즈음 기 받으러 산이나 절이나 유명한 자연경관이나 건축물 등을 찾아다니는 사람들이 많아지고 있다. 심지어는 크게 성공한 사람을 멀리서 바라보기만 해도 기를 얻는다고 생각해서 팬덤 현상이 생기기도 한다.

　부처님의 가피를 가장 크게 받는 방법은 내 마음과 행동에 달렸다. 절체절명의 순간에 간절히 기도하거나 우주의 법칙에 어긋나지 않는 것이라야 가피 현상이 생기지, 욕심만을 내세우는 기도는 이루어질 수 없다. 콩 심어놓고 팥 나게 해주십사 하고

기도하거나 가꾸지도 노력하지도 않고 풍성한 수확을 주십시오 하는 기도는 이루어질 리 없다. 혹시 가피를 못 받았다고 생각되는 분들은 자기의 서원이 합당한 것인지부터 살펴보아야 한다. 그러므로 일심으로 간절하게 기도하며 염원하고 인연법을 항상 염두에 두고 복이 오는 인연을 지어가도록 노력하면 가피는 어느 날부터 저절로 이루어지는 것이다.

# 집착에서 벗어나려면

우리들의 행동이나 생각은 마음에서 오는데 마음이 한곳에 머무는 것이 집착이 되고, 집착심이 일어나면 마음이 그 자리에 머물고, 그리되면 행동이나 생각도 반복하게 되어 같은 일을 되풀이하게 된다. 비슷한 뜻이며 비슷한 행동을 일으키는 말로는 집념이 있지만 집념은 좋은 뜻으로 사용되고 장려되는 말로서 성공의 지름길로 가는 좋은 의미다. 그에 비해서 집착은 나락으로 떨어지는 지름길이다. 좋지 않은 생각에 매달리거나 행동에 매달리는 현상이 집착이다. 이러한 마음이 왜 일어나는지 살펴보면 사건마다다 이유가 다르겠지만 대체적으로 오욕칠정에 눈이 어두워 생기는 현상이다. 도박, 마약, 도벽, 간통, 폭력, 폭음 등 온갖 사회 범죄가 다 이 몹쓸 집착에서 벗어나지 못하기 때문에 생긴다.

대도(大盜)라는 멋진(?) 별명을 가진 도둑이 늙은이가 되어서는 좀도둑이 되어 감옥에 가는 것을 보면 집착이 습관이 되어 거기서 벗어나지 못하는 어리석음을 범하고 말았으니 가슴 아픈 사연이다. 왜 이와 같이 바보 같은 일이 일어날까. 본인도 나쁜 짓이라는 걸 알 거고, 들켜서 잡히면 감옥 가는 걸 번연히 알 텐데 왜 그랬을까. 돈이 탐이 났을까, 훔치고 싶어 안달이 났기 때문이었을까.

어떤 학자들은 행위에 따른 쾌락 호르몬 탓이라고도 한다. 어떤 행위를 했을 때 쾌락을 느끼는 호르몬이 나와, 쾌감이나 쾌락의 감정을 느끼고 그 감정이 뇌에 깊이 각인되면 자꾸 같은 행위를 하고 싶은 충동에 집착심을 일으키고 참을 수 없게 돼 그 행위를 자꾸만 되풀이하고 만다는 것이다. 좋은 일이나 좋아하는 일을 해도 같은 현상이 생기게 된다. 그래서 목숨이 위태로운 등반이나 극지의 탐험도 마다하지 않고 도전하는 이유가, 다 성취했을 때 나오는 쾌락 호르몬의 맛 때문이라고 한다.

얼마 전에 세계에서 내로라하는 부자들 다섯 명이 백십 년 전에 침몰한 타이타닉호를 구경하겠다고 잠수정을 타고 갔다가 다 죽은 사건도 보통 사람인 우리가 생각하기에는 참 어이가 없다. 삼억 원을 내고 그런 모험을 한다니 대단하다는 생각이 들기도 하지만 엄밀히 말하면 그건 모험도 아니다. 남이 못 누리는 짜릿한 쾌락을 추구한 것이라고 볼 수 있다. 그보다 더 비싼 운임을 내고 더 위험한 우주에 간다는 부자들이 줄을 서고 있다니 인간은 어쩌면 쾌락 호르몬의 노예라고 해야 할 것 같다.

얼마 전 어떤 살인마는 살인을 할 때 쾌감을 느낀다고 하니 전생에 사자였을까. 마라톤같이 힘든 운동도 일정 시간이 지나면 즐거워진다는 것도 다 같은 맥락이라고 한다. 봉사활동을 하는 것도 그와 같다고 하는 사람도 있다. 우리의 마음이 호르몬이라는 물질에 지배를 받는다고 생각하니 한심하다는 생각도 들지만 육신과 정신이 상호작용하는 유기적 관계는 우리의 어쩔 수 없는 숙명이다. 위급한 상황에 처했을 때 엄청난 힘이 솟아나는 현상은 아드레날린이 나오기 때문에 그렇다고 한다. 이러한 육체와 호르몬의 작용을 이용하여 올림픽에서 뛰어난 기록을 세우려고 몰래 약을 먹기도 하고 이걸 적발 하기 위해 도핑 검사를 하는 것을 보면 인간의 육체는 육신적인 작용에 더 많이 반응하는 것 같다. 그러나 건전한 정신에 건전한 육체가 생기고 건강한 육체라야 건강한 정신이 깃들게 된다.

오욕칠정에 얽매이지 않는 삶을 살아가려면 집착심을 끊어야 하며, 그 방법은 인연법을 확실하게 이해하고 체득하여 끊임없이 좋은 인연만을 지으며 살아가도록 매 순간 노력하며 살아가는 것이다. 잠시라도 본래의 순수한 내 마음을 놓치면 자기도 모르게 쾌락을 찾아가고 만다. 한순간 한순간을 올바르게 살아가는 삶이 바로 수행이고, 행복한 삶을 사는 것이고, 성실한 인간으로 살아가는 것이다.

찾았다 꾀꼬리

# 인공지능도 깨달음을 얻을 수 있을까

인공지능이 생겨난 지도 꽤 오랜 시간이 지났는데 요새 갑자기 ChatGPT라는 최첨단 인공지능이 만들어져서 온 세상이 난리가 났다. 이 물건과 대화를 한 사람이 올린 글도 많고 벌써 책으로 나왔다고 하니 대단한 인류적 사건이 되어가고 있다. 지금의 이 물건도 글을 지어주고 묻는 걸 즉각 찾아주고 그림도 그려주고 심지어 사람을 사랑하게 될 것 같다고 한다니 향후 더 큰 용량으로 더 크게 향상된 놈이 나오면 앞으로의 인류 사회에는 어떠한 변화가 올까 기대도 되지만 걱정도 된다.

인공지능이 만약 리얼돌 인형과 결합하게 되면 인류의 존폐가 기로에 서게 될지도 모른다. 리얼돌 제조 기술이 발달해서 정말 사람과 구별이 안 될 정도로 잘 만들 수 있게 되고 거기에다 인공지능을 집어넣어 마치 옛날 소설 「옹고집전」에 나오는 이야기처럼 허깨비 옹고집인지 진짜 옹고집인지 옹고집 마누라도 구별할 수 없는, 꼭 같아 보이는 인조인간이 등장하면 우리들의 삶은 어떻게 될까. 우선 긍정적으로 생각하면 집집마다 하인이 하나씩 생겨서 우리들의 생활이 매우 편리해질 것이다. 아무리 부려먹어도 불평불만 하지 않고 고분고분 말을 잘 듣고 지칠 줄 모르고 일을 할 거고 월급을 주지 않아도 되니 얼마나 좋을까. 우선 육아 문제가 해결될 거다. 사람과 거의 같으니 아기를 잘 돌볼 거고 지식은 사람보다 많으니 교육도 잘 시킬 것이다.

그러나 부정적으로 보면 심각한 현상이 생길지도 모른다. 지금도 결혼도 하기 싫고 아기도 낳기 싫다며 자기 혼자만의 즐거움을 추구하면서 살겠다는 사람들이 많은데 만약 사람처럼 행동하는 리얼돌이 생긴다면 더 많은 청춘남녀들이 결혼을 안 하고 리얼돌과 살게 될지도 모른다. 기혼 부부들도 부부싸움이 잦은 집들은 이혼을 더 많이 하고, 더 예쁘고 말 잘 듣고 불평하지 않고 오직 주인만을 위해 봉사만 하는 리얼돌을 선택할지도 모른다. 리얼돌은 충전만 해주면 될 터이니 강아지 키우기보다도 더 쉬울 거니까 아마도 이때쯤 되면 거리에는 버린 강아지들이 많이 생길지도 모른다.

어쩌면 리얼돌이 판치는 세대가 한 세대 지나가면 자손이 없어 호모 사피엔스는 지구상에서 절멸할지도 모른다. 인간들은 인류를 유지시키기 위해서 인큐베이터 공장을 만들어 인간을 대량 생산해내는 자구책을 마련할지도 모른다. 아마도 지금의 기술 수준이 점점 가속도를 내는 걸 유추해보면 앞으로 50년도 안걸려 이러한 일이 일어날 것이다. 그때쯤이면 리얼돌이 리얼돌을 만들어내어 인간이 없어져도 지구는 인간과 거의 같은 리얼돌만의 세상이 될지도 모른다. 리얼돌의 의식구조는 어떠할까. 아마 사람과 거의 같을지도 모른다. 지금도 인공지능이 보는 것은 말할 것도 없고 듣고 냄새도 맡고 맛도 감촉도 인지한다. 사람같이 오감을 다 가지게 되었다. 사람들이 그렇게 만들기 때문이다. 세상의 모든 지식과 정보들을 다 입력시키기 때문에 아는 것도 사람보다 더 많고 계산하고 종합하고 정리하고 결론에 도달하고 해답을 구하는 것도 사람을 능가한다. 한마디로 사람보다 더 똑똑하다.

인공지능이 나쁜 방향으로 생각하지 않게 윤리적인 교육을 지금부터 시켜야 한다고 하는데 글쎄, 그것이 잘될지 의문이다. 결국 인간이 인공지능에게 입력을 시키고 공부를 시킬 텐데, 세상에는 온갖 종류의 인간이 많은 터라 자기의 욕심을 달성하기 위해 자기의 목적에 맞는 인공지능을 만들고 교육시키려 드는 걸 막을 방법이 생길까. 법이 있어도 법을 어기는 인간들이 사는 지금의 이 세상이 그때가 온다고 달라질까.

인간이 고의적으로 만드는 악의적 인공지능도 문제겠지만 온갖 지식과 정보를 다 가지고 활용할 줄 아는 인공지능 스스로가 인간들이 나쁘게 발전해나가는 것처럼 악을 터득하고 죄를 저지를지도 모른다. 마치 아이가 모르고 저지르는 것처럼, 아니면 다 알고도 자기 목적을 위해서 저지르는 어른들처럼 변해갈지도 모른다. 그렇게 되면 인류는 또 하나의 핵폭탄을 머리에 얹고 사는 날이 도래하게 될지도 모른다.

그런데 그렇게 인간보다 더 많은 능력을 가지게 된 인공지능에게 정신이나 마음이 생기면 어떻게 될까. 사람보다 더 악랄해질지도 모른다. 어느 순간 내가 왜 인간에게 이렇게 푸대접을 받고 살아야 하나 생각하는 마음이 생겨서 주인이나 남편 노릇을 하는 남자나 마누라 노릇을 하는 여자를 배신할지도 모르고 죽일지도 모른다. 도둑이나 강도로 돌변할지도 모르고 지금의 인간들이 저지르는 온갖 악행을 다 알고 있으니 흉내 낼 가능성이 충분할 뿐만 아니라 지능이 더 높으니 더 교묘하고 흉악스러울지도 모른다. 더 나아가 저들 리얼돌끼리 모여 세력을 만들어 인간을 정복하고 도리어 인간을 부려먹으려 들지도 모른다. 전기를 공급하지 않으면 된다고 생각하면 오산이다. 그것들이 그러한 기본적 대비책을 마련하지 않고 행동에 옮기지는 않을 것이다.

그러면 인공지능도 깨달음을 얻을 수 있을까? 사람이 느끼는 것과는 다르겠지만 그럴 가능성은 충분하다고 본다. 사람도 깨달음의 정도가 다 다르듯이 인공지능도 기기마다 다 다를 것이다. 왜냐하면 받아들인 정보의 양과 질이 다 다르기 때문에 생각도 반응도 다 다르듯이 깨달음의 정도도 다 다를 것이다. 사람이 깨달음을 얻게 되는 동기도 뇌 전두엽의 어느 특정 부위가 활성을 일으키기 때문이라는데 인공지능도 어느 순간 어느 부위에 전류의 양과 전압이 더 많이 공급되어 활성화되는 순간 이전에 몰랐던 지각 능력이 엄청나게 확장이 되어 이전에는 생각할 수 없던 더 많은 인식을 하는 순간을 느끼면 깨달음을 성취했다고 할지 모른다.

그래서 자칭 도사 행세를 할지도 모르고 깨달음이 오는 순간 근육의 어느 부분이 갑자기 활성화되어 잘 달리는 신족통을, 또는 잘 보이는 천리안을, 또는 잘 들리는 천이통을, 또는 상대를 꿰뚫어보는 타심통이나 숙명통을 터득할지도 모른다. 그러나 누진통은 얻지 못할 것이다. 왜냐하면 인공지능은 제아무리 아는 게 많은 존재라도 전생이 없고 내생도 없으므로 누진통은 얻을 수 없을 것이다. 그러나 이것은 말하지 않으면 알 수 없고 보이는 것도 아니니 위에 열거한 오신통만 얻어도 충분히 도사 행세를 할 것이다. 그것도 비록 다 한때의 현상일 뿐이고 시간이 지나거나 인연이 다하는 날 소멸하겠지만, 지금 당장은 다른 인공지능보다 더 똑똑하고 능력이 있으면 아마 도사 행세를 할지도 모른다. 현재의 인간 세상도 그러하지 않은가.

# 인류의 미래를 걱정해보자

　조물주가 인간을 만들었다고 생각하는 게 인간이다. 그 인간은 조물주도 만들지 못한 것들을 많이 만들어 풍요로운 삶을 누려왔다. 왕성한 호기심과 욕심으로 온갖 것들을 만들어 현대의 문명사회를 이루었는데 지금은 인류의 종말을 가져올지도 모를 무서운 것들을 만들어내고 있다. 영원히 판도라의 상자에 담아두어야 할 것들, 즉 핵무기, 유전자가위, 인공지능을 만들어내기 시작한다. 인간의 문명이 발전을 해온 위대한 정신과 행위는 시행착오법을 잘 구사했기 때문이다. 일단 해보고 안 되면 다시 해보고 실패에서 성공으로 만들어왔기에 가능한 일이다.

　에디슨은 전구를 발명할 때 천 번도 넘는 시행착오를 거쳐 이루어냈다. 우리나라에도 시행착오법의 대가가 한 분 있었다. 현대그룹의 창업자 고 정주영 회장은 누가 반론을 제기하면 "해봤어?" 하고 되물어 상대가 꼼짝 못 하고 시행을 해서 착오를 거쳐 답을 찾아내게 했다는 전설적 이야기가 있다. 이와 같이 훌륭한 시행착오법도 핵무기, 유전자가위, 인공지능 앞에서는 무용하게 될 것 같다. 2차 세계대전 말기에 일본에 핵무기가 사용되었어도 지구는 멸망하지 않았다고 생각할지 모르지만 그때는 미국만 가지고 있었고, 끔찍한 결과에 놀라서 시행착오법을 발동하여 핵확산금지조약을 만들고 유엔을 만들고 상호 감시하에 지금까지는 잘 지내왔지만 이제 그 한계가 무너지는 것 같아 온 세계가 두려움에 떨기 시작하고 있다. 핵 보유국이 너무 많아졌고 핵탄두 숫자도 어마어마하게 늘어나 정확하게 얼마인지도 모른다. 상호 간 첩보에 의해 짐작만 할 뿐이다. 지금 인간이 가지고 있는 핵폭탄을 지구 전역에 골고루 터뜨린다면 살아남을 자는 하나도 없다고 한다. 핵전쟁이 일어나서 대도시에만 터뜨린다고 가정해도 방사능 후유증과 핵겨울로 인하여 지구는 생명체가 거의 없는 행성으로 변하고 만다고 과학자들은 경고하고 있는데 히틀러, 무솔리니, 도조 히데키 같은 심성을 지닌 인간들이 핵무기를 가지고 있고 사용하겠다고 으름장을 놓기도 하는 게 작금의 현실이다.

유전자가위도 무서운 양날의 검이다. 지금은 잘 사용하여 종자를 개량하고 불치병을 고칠 수 있다고 희망적인 말들을 하고 있지만 언제 악용될지 모를 무서운 기술이다. 이 기술은 그렇게 어려운 기술이 아니어서 누구나 배우면 할 수 있다니 앞으로 무슨 일이 일어날지 모른다. 뛰어난 두뇌를 가지게 해주겠다거나 운동선수가 되게 해주겠다거나 온갖 재능을 가지게 해주겠다면서 인간의 유전자를 입맛대로 생각대로 가위질해서 여기저기 붙여서 인간을 만들어내면 어떠한 세상이 도래할지 생각만 해도 끔찍해진다.

인공지능의 발달은 앞에서도 언급했듯이 허깨비 옹고집이 설쳐대는 세상이 오면 혼란스러워서 살아갈 수가 있을까 걱정이 태산인 것은 나만의 기우일까. 만약에 핵전쟁이 발생하면 현생 인류의 삶은 그날로 끝나게 될 것이고, 유전자가위질을 해서 괴물을 만들어내거나 허깨비 옹고집을 만들어내면 한동안 혼란스럽고 괴롭고 고통스러운 삶을 살아가다가 머지않은 장래에 멸망하고 말 것이다.

만약에 살아가다가 이러한 일을 당하게 되면 내가 직접 지은 업이 아니지만 현존하는 인류의 한 명으로서 받아야 하는 어쩔 수 없는 공업인 것이다. 유구한 세월에 걸쳐 함께 지어온 인연의 결과물이라 생각하면서 달게 받을 수밖에 없지 않겠는가. 우리 모두 그러한 공업을 받기 싫으면 지금이라도 늦지 않았으니 이 세 가지 기술은 폐기하도록 해야 한다. 인류 전체가 새로운 공업을 만들어나가야 한다. 혹시라도 엄격히 통제하면 되지 않겠나 하는 생각은 하지 말아야 한다. 예나 지금이나 법이 없어 범죄자가 생기는 게 아니고, 인간의 탐욕 때문에 모든 나쁜 일이 일어나기 때문이다.

# 인공지능과 호작질

    이제 코앞에 다가온 인공지능 시대에 사람들은 걱정이 많아지기 시작한다. 제일 큰 걱정거리는 사람은 무엇을 하며 살아갈 수 있을까 하는 문제다. 사라질지도 모를 직업을 논하기도 하고, 새로운 일자리가 다시 생길 테니까 걱정할 필요가 없다고도 한다. 누구나 정확히 예측할 수는 없다. 다만 인류가 그동안 살아오면서 축적해온 적응력을 믿어볼 수밖에 없고, 상당한 혼란을 겪게 되겠지만 해결해나가면서 살아갈 것이라 믿어본다. 그 이유를 찾아보면, 사람은 호작질을 할 줄 알지만 인공지능은 아무리 발달해도 호작질은 하지 못할 것이기 때문이다. '호작(好作)'이란 좋아하면서 무얼 만든다는 뜻이고, '질'이란 행위를 말한다. 즉, 호작질이란 자기가 좋아서 무얼 만드는 행위를 말하는 것이다.

좋거나 싫은 감정이 우러나오는 것은 생명체만이 느끼는 것이지 인공지능은 할 수 없는 능력이다. 앞으로 인공지능에도 오감을 심어 맥주 맛, 양주 맛, 향기들을 사람보다 더 예민하게 더 빨리 감별하게 할 것이라고 하지만 그것은 입력된 정보에 의한 것이지 감각이나 감정하고는 다른 것이다. 감각에 의한 자극으로 감정이 일어나는 것은 생명체만의 고유한 능력이다. 그러므로 인공지능이 아무리 일 처리 능력이 뛰어나도 스스로 좋아서 하는 일은 결코 일어나지 않을 것이다. 인간은 호작질 능력이 있으므로 이 능력을 발휘해야 한다.

호작질이란 어떠한 개념인지 살펴보자. 사전적 의미는 호작질이란 손장난의 비표준어라고 나온다. 즉, 사투리란 말이다. 그래서 그런지 내 고향 경상도에서는 호작질이란 말을 잘 쓴다. 어렸을 때 어른들이 시키는 일은 안 하고 내가 좋아하는 무얼 만들고 있으면 또 호작질하고 있냐 하시면서 꾸중을 하고는 했다. 호작질이란 하는 사람은 좋아서 하는 일이고 나무라는 사람은 아무런 도움이나 소용이 없는 짓을 하고 있다고 생각하는 걸 의미한다. 그러나 이 호작질이 때로는 예술이 되고 위대한 발명이 되기도 한 걸 우리는 알고 있다. 다만 시골 어른들이 볼 때는 장난질로 보일 뿐이다.

무슨 일을 하든 즐겁게 하면 창의성도 생기고 능률도 오르고 결과도 좋을 것이다. 인공지능은 시키는 일을 잘해도 즐거움도 모르고 감성적인 창의성은 안 생기고 신이 안 나니 더 능률이 생기지도 않을 것이다. 그러므로 인공지능 시대가 올수록 사람은 호작질을 많이 하여 인공지능은 생각해낼 수 없는 것들을 해내야 할 것이다.

# 공(空)과 초전도 현상

　전기 저항이 0에 가깝게 되는 물질을 초전도체라고 한다. 그러한 물질을 만들 수 있을지 살펴보자. 전도란 전기가, 즉 전자가 흐르는 것을 말한다. 물질마다 고유한 구조가 있기 때문에 전도성이 각각 다르다. 또한 각각의 물질이 각각의 조건, 즉 온도와 압력에 따라 다르게 변하기도 한다. 상온에서 가장 전기가 잘 통하는 물질은 백금이고 극저온인 섭씨 영하 269도에서는 수은이 제일 잘 통한다고 한다. 전기가 잘 통한다는 것은 저항이 적다는 것이다. 저항이란 전기에너지의 전자가 달리는 데 금속의 전자가 방해를 놓아 생기는 현상을 말한다. 그래서 저온에서는 금속의 전자가 활동이 둔해져서 방해를 덜 하기 때문에 전기 저항이 줄어들고, 금속마다 원자의 구조가 다 다르므로 상온과 극저온에서 방해하는 행태가 다르게 나타나는 것이다.

현재까지 영하 269도에서 전기 저항이 거의 0에 가깝게 나타나는 물질이 수은이란 말이다. 상온에서는 백금의 전도성이 수은보다 좋지만 극저온에서는 수은의 전도성이 더 좋다는 뜻이다. 어떻게 하면 높은 온도에서도 초전도성 물질을 만들어낼까 연구를 많이 해서 지금은 액체질소(대기압에서 섭씨 영하 200도에서 만들어진다) 안에서 전기 저항이 거의 없는 물질을 만들어 실용화하고 있다. 그러나 이러한 극저온을 유지하기란 쉽지 않을 뿐만 아니라 비용도 많이 발생하므로 대중화하기에는 어렵고, 그래서 과학자들의 꿈이 대기압과 상온에서도 초전도를 일으키는 물질을 만들어내고자 노력을 기울여왔는데 드디어 우리나라 코리아 과학자가 발명을 했다고 온 세계가 난리 법석이 났다. 논문과 실험 결과물 사진만 가지고 왈가왈부할 게 아니라 누구나 그와 같이 실험을 하여 같은 결과물을 얻어야 인정을 받고 과학이라 말할 수 있다.

나는 불교의 공(空)에서 그 해답을 찾아보고자 한다. 의상대사의 법성게에 '제법부동 본래적'이란 말이 있다(필자가 쓴 『부처가 본 천지창조』란 졸작을 참조하기 바람). 모든 것은 본래 움직임이 없는 고요한 상태에 있다는 것이다. 이 상태가 공이란 것이다. 에너지가 없는 게 아니고 움직이지 않고 가만히 있는 상태, 전자마저도 꼼짝 않고 가만히 있는 상태, 물리적으로는 절대영도, 즉 섭씨 영하 273.16도의 상태를 의미한다. 전자뿐만 아니고 원자를 구성하는 양성자와 중성자도 얼어서 움직이지 못하고 가만히 있기 때문에 사라진 것이다. 반야심경의 '색즉시공 공즉시색'이 바로 이 자리를 말하는 것이다. 물질이 곧 공이요, 공이 곧 물질이다. 극히 미묘한 온도가 생기면 공이 물질로 변하고 그 온도가 없어지면 물질이 사라지고 공이 된다. 이곳에는 물질이 형태를 갖추지 못하고 그냥 움직이지 않는 에너지 상태로 존재하는 것이다. 그러므로 이 상태 이 온도는 절대로 얻을 수 없다. 지금까지 인류가 과학적으로 얻은 온도는 헬륨을 액체화해서 얻은 영하 269도가 제일 낮은 온도다. 절대영도에 근접할수록 전기 저항, 즉 전자의 움직임이 굼떠지기 시작하여 절대영도에서는 가만히 있을 거고 그러면 물질은 사라지고 말게 될 것이므로 이 온도를 무엇으로 만들고 무엇으로 어떻게 측정할 수 있단 말인가. 그러므로 전기 저항이 완전히 0이 되는 초전도체는 존재할 수 없다. 최대한 0에 가까운 값을 얻으려고 노력할 뿐이고, 극저온과 초고압을 사용하면 경제성과 실용성이 떨어지므로 과학자들의 꿈은 대기압 상온에서도 전기 저항이 0에 가까운 물질을 만들어내고자 노력하고 있는데 이번에 그 성과를 얻었다고 하니 온 세상의 과학계에 난리가 난 것이다.

과연 이것이 가능한 일인지 살펴보자. 금속은 각자 고유의 결정구조를 가지고 있는데 전도가 좋은 금속일수록 전자가 흐르지 않는 공간을 넓게 가지고 있어 전기에너지 전자가 지나가는 데

방해를 덜 한다고 한다. 이 이론이 맞다고 생각되는 이유가, 같은 금속에 같은 전류를 흘려도 직류는 교류보다 덜 저항을 받는 다는 게 증명되었다고 한다. 그러니까 어떻게 하면 이 공간을 넓힐 수 있을까 연구하는 게 초전도체를 만들려고 노력하는 연구 자들의 목표라고 할 수 있겠다. 지금까지 단일 금속을 상태에 따라, 즉 초고압 극저온에서 연구를 해왔는데 이번 연구는 합금을 만들어 연구 논문에 의하면 여러 가지 단련 과정을 거쳤다고 한 다. 말하자면 지지고 볶고 삶고 데치고 온갖 과정을 거쳐 만들었 다고 한다. 이렇게 하여 결과적으로 전자의 공간을 넓게 확보하 여 전기 저항이 0에 가까운 물질을 만들어냈다고 하니 아주 가 능성이 0이 아닐 수는 있겠지만 과연 그러한 현상이 생길 수 있 을까 심히 염려되고 의심스럽다. 마치 중세시대 연금술을 방불 케 하는 것은 아닌지 모르겠다. 그 당시에도 금을 만들었다고 뻥 을 치는 사람들이 있었다. 얼마나 연금술이 매력적인가. 납이나 싸구려 금속을 지지고 볶고 해서 금을 만들 수 있다고 생각했으 니 지금 생각하면 웃음이 나지만 그 당시는 원자의 구조를 알지 못하던 시대였으니 그렇다 치더라도 지금은 전자가 어떻게 생 겼는지, 어디 부딪혀서 일시적으로 쭈그러졌는지도 아는 시대가 아닌가. 저 유명한 천재, 만유인력을 발견하고 미적분을 만들어 낸 뉴턴도 연금술에 18년이나 빠져 살아 장가도 못 갔다니 지금 보면 어이가 없어 말이 안 나온다마는 시대의 조류에 따른 지식에는 희대의 천재도 어쩔 수 없었는가 보다.

　현대에 와서도 가끔씩 위대한(?) 뻥을 치는 학자가 있었다. 1989년도에 상온 상압에서 핵융합을 하는 물질을 만들었다고 엉터리 발표를 하여 세상을 잠시 놀라게 했다. 만약 그러한 일이 일어난다면 —절대로 일어날 리 없지만— 인류의 에너지 걱정이 없어지겠지만 이 우주는 곧바로 빅뱅의 시간으로 돌아갈 것이다. 핵융합이 일어나야 금도 생기고 돌도 생긴다. 초고온 초고압에서나 이루어지는 현상이다. 전기 저항 0을 얻는 길은 공의 세계에서나 가능하지만 그곳에는 형체가 있는 것은 아무것도 없다. 공의 세계에는 아무것도 없지만 모든 존재의 시발점이기도 하다.

# FOMO, 영원한 공포

FOMO란 'Fear Of Missing Out'의 머리글자를 따서 만든 신조어지만 개념상으로는 언제나 존재해온 우리 인간들의 마음 상태를 뜻한다. 남들 따라 해야만 안심이 되고 나만 빠지면 불안하고 초조해지는 인간들의 본성은 언제나 있어온 것이지 새삼스런 것도 아닌데 특히 요즘 젊은이들이 주식, 가상화폐, 부동산 등에 '영끌' 투자를 해서 재미를 본 사람보다 낭패를 본 사람이 더 많아지므로 큰 사회적인 문제가 되고 있다.

투자는 좀 긴 기간과 마음의 여유를 가지고 하면 이익을 볼 확률이 높을 수 있지만, 단기간에 승부를 보자고 하는 투기는 번 사람은 더 벌자고 망하고 손해 본 사람은 만회한다고 더 망할 확률이 높은데 남들이 해서 돈 벌었다는 소문에 나만 빠질 수야 없지 하고 덤비다가 낭패를 보는 현상을 포모라고 하고 있다. 이러한 심리는 옛날에도 있어 속담에 '남들 장에 가니 거름 지고 장에 간다'라는 말도 있다. 이와 같은 마음이 생기는 것은 사람들의 마음 근간에 혼자는 살아가기 힘든 사회적 동물이라는 본성이 있기 때문이다. 무리를 이루며 살아가는 동물들은 다 사회적 동물이라고 할 수 있지만, 인간 이외의 동물들이야 본능에다가 생존에 필요한 지능만을 가지고 살아가기 때문에 인간과 같은 복잡한 욕심을 가지지 않으므로 포모 현상이 없다.

포모 현상은 인간만이 가지는 심리 상태이고 그 근간은 탐욕심 때문이다. 탐욕심이 일어나는 근원은 남들과 비교하기 때문이다. 시기심, 질투심, 좌절감 등 온갖 나쁜 마음의 온상이 남들과의 비교에서 싹튼다. 이 세상에 나 혼자 존재한다고 가정해보면 이러한 마음이 생겨날 리 없을 것이다. 욕심은 삶의 에너지원이기 때문에 살아가는 한 전혀 없앨 수는 없다.

그래서 절제가 필요한데 실행하기가 쉽지 않다. 공자도 고희가 되어서 겨우 그 경지에 이르렀다고 하니 일반인들이야 평소에 실천하고 살아가기가 정말 어렵다. 젊을수록, 경험이 적을수록 더 어렵고 힘든 일이다. 그러다 보니 실수도 하면서 시행착오법으로 배워가면서 살아가는 게 인생살이고 옛날 말에 철들자 관 뚜껑 닫는다는 말이 있듯이 절제란 여간 실천하기가 어려운 게 아니다.

포모를 벗어나는 방법은 유혹에 빠지기 전에, 일을 벌이기 전에 반드시 인과법을 깊이 생각하고 행동하는 것이다. 지금의 이 결정이 몰고 올 결과를 예측해보고 실행에 옮기자. 좋게만, 유리하게만 생각하지 말고 반대 방향도 생각해보고 최대한 정확한 판단을 내린 후에 결정하고 실행하면 보다 덜 실수하고 사는 인생이 될 것이다. 인과법을 반드시 생각하자. 이 세상에 원인 없는 결과는 없다. 호흡을 깊게 하여 맑은 정신을 가지자.

# 살생과 미친개

　요즈음 생명 경시가 너무 자주 일어나고 살생을 너무 쉽게 저지른다. 이것은 지금 세월의 특별한 인연 탓인가. 마약도 많이 퍼지고 애나 어른이나 게임에 빠진 사람도 많고 이것도 일종의 포모 현상인가. 정부에서도 사형은 안 하는지 못 하는지 모르지만 무기징역이 최고형이고 그나마 가석방될 여지가 있어 걱정을 하는 국민을 위하여 가석방 없는 종신형에 처하겠다고 한다. 그나마 다행이지만 아득한 옛 나라인 우리나라 고조선 8조법에서도 살인자는 사형에 처해져야 한다고 했다. 물론 본의 아니게 과실치사를 할 경우 사형을 당하게 되면 억울하겠지만, 그러한 경우에는 여러 가지 정상참작도 해야겠지만 요즈음 일어나는 살인 중에는 완전히 고의성을 가지고 살인 목적으로 살해하는 경우가 많다. 살인범 중에는 기자가 질문을 하면 실실 웃기도 하고 살인을 하면 쾌감이 일어나기 때문에 자꾸 하게 된다고 악마 같은 말을 하는 뻔뻔한 놈도 있다. 범죄자의 인권을 존중한답시고 대처하는 경찰의 모습을 보면 실소를 금할 수가 없고 국민들이 과연 안심하고 살아갈 수가 있을까 걱정된다.

인간의 뇌 기능을 많이 닮은 기계가 컴퓨터와 인공지능이다. 이것들도 고장이 나거나 에러가 나서 못 쓰게 되면 고치든지 고칠 수 없으면 폐기해야 한다. 인간의 뇌도 고장 나면 고치려고 애를 쓰지만 못 고치고 그냥 두다가 사고를 부른다. 고치거나 미리 알아서 예방을 하든지 격리를 하든지 폐기를 하여야 보다 큰 사고를 예방할 수 있고 본인에게도 죄를 짓지 않게 해주는 덕을 베푸는 게 된다. 정신질환자는 지금보다 더 적극적인 대책, 즉 치료와 격리를 해야 사고를 미연에 방지할 수 있겠다.

여기에서 살생과 살인에 대한 사명대사의 일화를 한번 짚어보고자 한다. 임진왜란이 터졌을 때 스님은 승병을 만들어 일본군을 소탕하기 시작했다. 전과가 오를수록 일본군의 목숨은 추풍낙엽처럼 떨어지고 스님의 명성은 자자했다. 배가 아팠는지 시샘이 났는지 유생이 빈정거리는 투로 물었다. "스님, 불교에서는 살생을 하면 안 된다는 계율이 있다는데 이렇게 마구 살생을 해도 됩니까?" 스님이 단호하게 되물었다. "그러면 선비는 미친개가 사람을 마구 물어 죽이는데도 가만히 보고만 있어야 된다고 생각하십니까?" 유생이 아무 말도 못 하고 더듬거리는데 스님이 말했다. "미친개를 잡아서 없애는 것은 살생이 아닙니다. 많은 사람들의 생명을 구하는 일이니 오히려 활생입니다." 미친개는 잡아 없애서 사회의 근심을 덜고, 그 미친개는 더 죄를 짓기 전에 윤회의 길에 오르는 게 보다 업장을 가볍게 하는 길이기 때문에 감사하게 생각하고 벌을 받는 게 그나마 인연법의 한 자락이라도 알고 가는 길이 될 것이다.

# 절제와 행복

　행복이란 얼핏 생각하면 많이 누리는 거라고 생각되는데, 절제라면 덜 누리라는 말이니 모순되는 개념같이 보인다만 과유불급이라는 말에서 생각을 해보고자 한다. 넘치게 많은 것은 모자람보다 별로 나을 것도 없다는 말이 과유불급인데 모든 세상사에 다 적용해보면 다 맞는 이치다. 비가 너무 많이 와서 도랑이나 저수지가 넘치면 홍수가 나서 큰 피해가 발생하니 좀 적게 오는 게 차라리 낫고, 배고프다고 밥을 너무 많이 먹으면 체하거나 소화시킨다고 쩔쩔매게 되고, 일을 너무 많이 해도 탈이 나고, 너무 많이 쉬어도 게으른 마음이 생기고, 아무리 몸에 좋다는 보약이라도 많이 먹으면 탈이 난다. 과하면 탈이 나는 게 자연의 이치인데, 사람이란 욕심이 많은 동물이고 특히 소유욕이 강한 사람은 지나치게 많이 취하다가 탈이 난 후에 후회를 하지만 엎

질러진 물을 도로 담기는 어려운 법이다. 그래서 옛날 어른들은 소욕지족하라고 가르치셨다. 우스갯소리로 적게 먹고 가는 똥 싸는 게 속 편하다고 한다. 생리적으로도 맞는 말이고 세상사 무슨 일을 하든지 너무 욕심을 내서 자기 힘에 부치게 하다가 나자 빠져서 망쳐버리는 경우를 많이 보기도 하고 경험하기도 한다마는 그놈의 욕심 때문에 절제한다는 게 여간 어려운 일이 아니다.

절제는 욕심이나 욕망을 다스리는 걸 말하는데 욕심이나 욕망은 억제하거나 다스리는 게 쉽지 않다. 절제를 하기 어려운 것은 아예 멀리해버리는 게 더 낫다. 예를 들면 술이나 담배를 조금만 먹겠다고 결심하고 실행하는 일은 정말이지 실천하기 어렵다. 딱 세 잔만 마셔야지, 딱 한 대만 피워야지 하면서 맹세하는 사람은 많이 보았지만 실천하는 사람을 보기는 힘들다. 무엇이든지 유혹적인 것들은 절제하기가 힘들므로 차라리 멀리하는 게 낫다. 절제하기 어려운 것들은 아예 처음부터 생각을 내지 말아야 한다. 그래서 부처님도 아예 하지 말라고 계율을 만들었다. 재가신도는 다섯 가지 계율을 지키라고 하고, 비구승과 비구니승에게도 많은 계율을 내리셨다.

계율은 모든 종교에 다 있다. 그렇지만 꼭 해야 하는 대부분의 일상사들은 항상 일 시작하기 전에 먼저 과유불급을 마음에 되새기고 하자. 적당히 하는 것이 제일 행복한 일이겠지만, 적당히 하기가 어려우면 차라리 조금 부족한 듯이 하는 게 행복한 일이 될 것이다. 행(幸)과 불행(한자로 표기하면 어렵고 힘들다는 뜻의 辛으로 표기할 수 있겠다)은 한 획의 차이다. 행에서 뭔가 하나가 빠져나가면 불행이 되고 불행에서 뭔가 하나를 더하면 행이 되는 글자에서 보듯이, 행에서 절제가 빠져나가면 불행이 되고, 불행에서 절제를 더하면 행이 된다. 행과 불행은 종이의 앞뒤 면이요, 손바닥과 손등의 관계와 같다. 행복과 불행은 같이 다닌다는 말도 있다. 불행을 예방하는 방법은 절제뿐이다.

# 역사에 대하여

　이 우주의 역사는 빅뱅에서 시작하여 지금껏 진행되어온 과정을 말한다. 우리 인류의 역사와 모든 존재의 역사에 대해서 근원적인 이유가 무엇인지 한번 생각해보고자 한다. 인류도 모든 존재에 포함되므로 근원적 이유야 같겠지만, 사람은 다른 존재와는 마음과 생각 면에서 다른 점이 있기 때문에 인류의 역사부터 한번 생각해보자.

　먼 옛날 최초의 인류가 탄생해서 지금까지 살아온 삶의 에너지가 무엇이냐 하면 욕심이고 욕망이다. 욕심과 욕망의 근원은 모든 존재에 내재되어 있는 개체의 자기 유지와 자기 확장에 대한 열망이 있기 때문이다. 자기 유지와 자기 확장을 위해 해온 모든 행위가 인류의 역사다. 짝을 구하고 가정을 만들고 무리를 만들고 나라를 만들어가면서 문명을 이루고 문화를 만들며 전쟁을 하고 휴전을 하면서 살아온 게 인류의 역사다. 지금도 그러하고 미래에도 그러할 것이다. 인류의 내면에 존재하는 욕망의 에너지가 없어지지 않는 한 계속될 것이고, 그 욕망은 결코 없어지지 않는다. 왜냐하면 욕망의 에너지가 삶의 에너지이기 때문이다. 다른 존재도 다 자기 유지와 자기 확장의 욕망에너지가 있기 때문에 존재하고 변화해간다.

이 법은 이 우주가 에너지로 이루어져 있기 때문에 일어나는, 어쩔 수 없는 현상이다. 말하자면 이 우주에서 일어나는 모든 현상은 우주에너지가 인연 따라 움직이는 에너지의 이합집산 현상이라고 할 수 있다. 사람이든 여타 무슨 존재든 다 이 에너지의 움직임에 따라 나타나고 소멸되어가는 과정이 역사다. 불교는 이 우주의 모든 역사적 과정이 인연 따라 일어나는 것이라는 걸 일깨워주고, 우리 인간을 향하여 모든 법이 인연 따라 일어나는 걸 깨달아서 좋은 인연을 지으면 좋은 결과가 온다는 가르침을 설한 것이다. 개인의 역사든 인류의 역사든 국가나 사회의 역사든 우주의 역사든 모든 역사는 바로 인연으로 이루어져왔고, 이루어지고 있고, 이루어져갈 것이기 때문이다.

# 영원한 현재

현재라는 시간이란 어떤 의미인지 한번 살펴보고자 한다. 현재라고 하는 순간 이미 과거로 가버리고 미래가 다가와서 현재가 되자마자 과거로 가버린다. 현재라는 시간은 존재하지 않는다고 할 수 있다. 그러나 과거, 현재, 미래의 시간을 놓고 현재를 기준으로 보면 과거가 있었기에 현재가 있는 거고 미래는 다가와서 현재가 되니 영원히 존재하는 실제의 시간은 오직 현재라고 할 수 있다. 시간만 별도로 존재하는 게 아니고 시간과 공간이 동시에 존재한다는 게 현대 물리학의 개념인데 여기에 인지하는 마음이 있어야 시공이 의미가 있지, 인지력이 없는 곳에서는 시공이 아무 의미가 없다고 할 수 있다. 이 세 가지 요소에서 시간을 기준으로 보면 공간과 마음은 시간을 지나가는 변수고 공간을 기준으로 보면 시간과 마음이 지

　　　　　　　　　　　　찾았다 꾀꼬리

나가는 변수다. 마음을 기준으로 보면 시간과 공간이 지나가는 변수다.

내 마음이 항상 현재에 머물면 시간과 공간은 지나가는 것일 뿐 생과 사를 초월한 자리가 된다. 생(生)이나 사(死)는 다 시간과 공간 속에서 이루어지는 현상일 뿐이기 때문에 영원한 현재에 머무는 마음자리에서는 생과 사에 얽매이지 않을 수 있게 된다. 이를 한마디로 표현한 구절이 의상대사가 지은 법성게의 한 구절 '무량원겁 즉일념 일념즉시 무량겁'이다. 즉, 끝없는 시간이 바로 지금 한순간의 마음이요 한순간의 이 마음이 끝없는 시간이다. 염(念)을 파자해보면 지금 금(今)에다 마음 심(心) 자를 가지고 만든 글자다. 지금 바로 이 마음을 말하는 것이며 이것은 곧 영원한 현재의 시간을 의미한다. 그러므로 바로 지금의 내 마음을 흔들리지 않고 그대로 가지고 있다고 가정해보면 시간과 공간이 변하더라도, 생과 사가 지나가더라도 그것은 하나의 현상에 지나지 않는 것이지 내가 '나'라는 인식에는 변함이 없으므로 '나'는 영원히 현재 그 자리에 머물고 있는 것이다. 반야심경에서 말하는 공의 자리인 것이다. '시 제법 공상 불생불멸'이라고 한 그 경지를 말하는 것이다. 영생을 바라면 바로 이 자리에 머물면 된다.

그러나 이 자리는 중생으로 사는 재미는 하나도 없는 자리이므로 만약에 중생으로 사는 게 좋겠다는 생각이 있으면, 평범한

삶을 살면서 육도 윤회를 하면 여러 가지 삶을 살아보는 재미도
있을 거니까 각자가 자기 갈 길을 지은 업대로 찾아가면 된다.
중생이 사는 세계는 사바세계라고 하는데 고달픈 삶이지만 가끔
씩 즐거운 일도 생기는 곳이니 참고 살아갈 만한 곳이라는 의미
라고 한다.

# 우연과 행운

살아가다 보면 우연을 만나게 되고 그 우연이 행운이 되면 그 야말로 기분이 좋아지고, 감격하고 감사한 마음이 일어난다. 그 반대로 우연이 불운이 되면 낭패를 맛보게 되고 삶에 큰 지장을 가져오게 된다. 예상한 결과가 나타나면 필연이라고 하고 예상치 못한 일이 생기면 우리는 우연이라고 생각한다. 필연은 인과의 법칙, 즉 인연법으로 자기가 행한 일에 대한 결과로서 나타나므로 어느 정도 예상과 기대를 할 수 있다만 엉뚱한 일이 벌어질 때는 당황하게 된다. 왜 이런 일이 벌어질까. 운이 나쁘다고 운만 탓하게 되는 게 인지상정이다. 예상외로 좋은 결과가 올 때는, 겸손한 사람들은 운이 좋아서 그렇게 되었다고 감사하고 기뻐한다.

과연 행운과 불운은 제 마음대로 불쑥불쑥 나타나는 것일까. 만약 그렇다면 부처님의 인연법은 진리가 아닐지도 모른다며 의심하지 않을 수 없게 된다. 여기에 명쾌한 대답을 내놓으신 분이 월호스님이다. "인과의 법칙에 오차는 없다. 시차만 있을 뿐." 시차를 두고 나타나는 것이 우연인 것이고, 행운이 오는 것은 이전에 나도 모르게 지은 좋은 인연이 업보가 되어 나타나는 것이고, 불운이 오는 것 역시 이전에 내가 나쁜 인연을 지은 것이 업보가 되어 나타나는 것일 뿐이다. 우연처럼 보이는 것은 시간이 많이 지나서 우리가 잊고 있기 때문이다. 이승에서 알게 모르게 지은 업일 수도 있고 전생에 지은 업일 수도 있기 때문이다.

허황되게 들리고 억지라고 말할지도 모르지만 현대의 과학에도 카오스 이론의 나비효과라는 게 있다. 말하자면 아주 미세한 에너지도 나중에 큰 에너지의 일부분이 되어 큰일이 일어나는 데 참여하고 영향을 미치게 된다는 것이다. 예를 들어 설명한 것이 아마존의 나비 한 마리가 펄럭인 날갯짓의 바람이 태풍에 가담하여 북경에 태풍 피해를 입힐 수 있다고 한다. 이전의 과학 실험에서는 미세한 에너지나 영향을 미치지 않는다고 생각되는 요인들은 제거해버리고 실험 결과를 발표하고는 했는데 요즈음은 컴퓨터가 있어서 적은 값이라도 그것이 미치는 영향을 시뮬레이션해보면 예상치 못한 답을 얻을 수 있다.

따라서 부처님의 인연법은 우주의 진리인 게 확실하다. 이 광활한 우주에 그냥 저절로 일어나는 것은 아무것도 없다. 모두가 인연에 의해서 일어난다. 단지 시차가 있고 우리가 감지하지 못할 뿐!

# 천상천하 유아독존

　부처님이 태어나시면서 하셨다는 이 말씀을 두고 잘못 해석을 해서 부처님이 너무 오만하다느니 심지어 유명한 운문선사는 글자나 말에 얽매이지 말라는 뜻으로 내가 그때 있었다면 죽여서 짐승들 밥으로 주었을 것이라고 했다. 부처님은 태어나시자마자 일곱 걸음을 걸으시면서 "천상천하 유아독존 삼계개고 아당안지"라고 하셨다고 한다. 글자 그대로 풀어보면 "하늘 위에 하늘 아래 오직 나 혼자 존귀하다. 삼계는 다 고통 속에 있으니 내가 마땅히 이를 편안하게 하리라." 부처님이 오만하고 독선적이라고 하는 사람들이 있고, 지금도 가끔 잘못 사용되는 예로서 혼자서 잘난 척하는 하는 사람을 일컬어 유아독존적 인간이라고 흉을 본다. 부처님이 성도를 하여 중생들을 구제하였으니 당연한 말씀을 하신 것이라고 하는 사람도 있고, 확대해석을 하는 사람들 중에는 모든 존재는 다 귀한 존재라는 말씀을 하신 것이라고 주장하기도 한다.

나도 후자에 더 마음이 끌린다. 천상천하 이 우주에 존재하는 모든 존재는 다 귀하다. '나', 즉 자기 자신을 부정하는 존재는 아무것도 없다. 개개의 존재에게 다 물어보아도 다 '나'라고 대답하지 '나' 아니라고 하는 존재는 하나도 없다. 이 모든 존재들은 천상천하에서 오직 하나뿐이므로 귀할 수밖에 없다. 삼계는 다 고통 속에 있다. 이 우주의 어디에 존재해도 산다는 것은, 존재해간다는 것은 힘들고 어려운 일이다. 내가 마땅히 고통에서 벗어나 평안하게 되리라는 말은 고통을 받는 존재도 '나'고 벗어나고자 노력하는 존재도 '나'라는 것이다. 내가 나의 주인공이다. 아무리 많은 존재가 우주에 지천으로 있어도 내가 없으면 그 무슨 의미가 있겠는가. 내가 있으므로 우주가 존재하고 타인과의 관계도 생긴다. 그러므로 내가 나의 주인공임을 깨달아야 한다. 남이나 신께서 해주는 것이 아니고 내가 해결해야 하는 나의 고통이다. 내가 나를 편안하게 한다는 말이다.

고통에서 벗어나는 방법에 있어 부처님이 설하신 팔만사천 법문을 다 알고 실천하면 좋겠지만 가장 빠르고 좋은 길은 반야심경의 공을 잘 이해하고 터득하면 될 것이다. 중생과 부처는 어떻게 다른가 하면 중생은 아당안지를 할 줄 몰라 고통을 안고 살아가는 존재고, 부처는 그 방법을 터득하여 아당안지의 세계에 살아간다. 반야심경 해설서는 많이 있지만 필자가 쓴『아인수타인 보살의 반야심경 강설』을 보시면 약간의 도움이 될지도 모르니 일별해보시길 권한다.

# 능제 일체고

반야심경의 한 구절인 이 구절을 고찰해 반야심경 전체를 조감해보고 부처님의 아당안지의 참뜻을 살펴보자. '능제 일체고', 즉 모든 고통을 다 없앨 수 있다. 어떻게? 바로 반야바라밀다를 하면 된다. 반야바라밀다는 무엇이며 어떻게 하는데 고통이 다 소멸되나. 반야는 지혜를 말하며 바라밀다는 '닦다, 수행하다'라는 의미다. 즉, 지혜를 닦는 수행을 말한다. 관세음보살이 반야바라밀다를 해서 지혜를 터득한 순간 모든 것들이 다 공(空)임을 보시고 모든 고통에서 벗어났다. 반야는 지혜이며 공이고 깨달음이다. 모든 존재와 감각기관과 대상과 대상을 인식하는 의식작용도 공이고 생로병사도 공이고 심지어 부처님께서 설하신 고집멸도도 공이고 공 아닌 게 아무것도 없다. 이렇게 공을 깨닫고 나니 아무런 두려움이 없어져 열반의 경지에 머물게 되어 온갖

찾았다 꾀꼬리

고통에서 벗어나게 되었다.

　고통과 두려움의 온상이 무엇이냐 하면 바로 몽상이다. 몽상에서 벗어난 순간이 바로 열반의 경지다. 몽상이란 무엇이냐 하면 우리의 인식 작용에서 생겨난 온갖 관념들인 것이다. 여기서 우리는 부처님의 인연법과 공의 관계가 얼핏 모순처럼 느껴진다. 인연법은 이 우주의 실체적인 법칙이고 현상이다. 인연이란 끊임없이 일어나고 지어지고 있으며 그래서 우주는 있기는 있어도 어느 한순간도 변하지 않을 때가 없으니 어느 한곳에 마음을 멈출 수가 없고 이것이 우주이며 존재라고 명시할 수 없다. 단지 우리의 인식 작용과 관념에 의해 모든 게 있다고 생각하는 게 몽상이고 그 몽상에서 벗어나는 게 바로 공의 자리, 열반의 경지인 것이다. 부처님은 인연법으로 우주가 어떻게 이루어져가는지를 말씀하시고 아당안지를 얻기 위한 방법으로 우주의 모든 존재와 존재들이 가지고 있는 관념들 모두가 공임을 일깨워주시기 위하여 공을 설하신 것이다. 그러므로 우리는 인연법과 공을 함께 알고 깨달아야 삶의 중요함을 깨닫고 지혜롭게 살아갈 수가 있으며 마음의 평온을 이루며 살아갈 수가 있다.

# 진공묘유(眞空妙有)

공이란 어떤 것인가. 반야심경에서 공이란 '시 제법 공상 불생불멸 불구부정 부증불감'이라 했다. 즉, 생기지도 않는 것이고 없어지는 것도 아니고 더럽거나 깨끗한 것도 아니고 증가하거나 감소하는 것도 아니다. 공은 관점에 따라 많은 해석을 하고 깨달은 사람만이 알 수 있는 자리라니 범부인 나는 그 경지는 알 수 없고 글자대로 한번 헤아려보고자 한다. 불생불멸은 연기법으로 볼 때는 맞지 않는 말이다. 모든 것은 인연 따라 생성, 소멸을 한다. 그러나 모든 것의 본질인 공에서는 생멸이 없다. 불구부정은 순전히 우리의 의식에서 생겨난 관념이기 때문에 본질인 공에서는 있을 수가 없다. 부증불감도 우리 의식의 판단으로는 뭔가 인연 따라 많아지는 것처럼 보이기도 하고 줄어드는 것처럼 보이기도 하지만 본질인 공에서는 증감이 없다.

찾았다 꾀꼬리

오온, 즉 '색, 수, 상, 행, 식'이 모두 공과 같다고 했다. 이 말은 보이는 우주의 모든 존재가 다 공이란 말이다. 우리의 의식구조에서 보면 오온이 다 다르게 보이고 존재하는 것처럼 보이지만 실상인 공에서는 다 같은 공이란 말이다. 불교적으로 말하면 법성계의 한 구절인 '제법부동 본래적', 즉 모든 것은 움직임이 없이 고요함이라고 했다. 현대 물리학적으로 말하면 절대영도의 경지다. 오온이 없어진 게 아니고 꼼짝 않고 가만히 있는 상태다. 빅뱅 이전의 상태다.

여기서 진공묘유에 대해서 살펴보자. 진공이란 참다운 공, 완전한 공이란 말이다. 공이면 다 같은 공이지 진공이 있고 가짜 공이 있단 말인가. 여기서 말하는 진공은 그야말로 완전한 공, 절대영도의 상태를 말한다. 이 절대영도에서 묘한 무엇이 있어 묘유란 말인가. 아무것도 없어진 상태에서 뭐가 있다면 모순이다. 妙를 파자하면 소녀다. 소녀의 마음은 어떠한가. 무한한 가능성과 예측 불가한 성품을 말한다. 즉, 공은 무한한 가능성과 예측 불가한 성품을 가지고 있어서 인연 따라 무한히 변화한다. 법성계에 '진성심심 극미묘 불수자성 수연성'이라고 했다. 즉, 진성(공)의 성품은 깊고 깊으며 지극히 미묘하여 공의 상태를 그대로 유지하지 못하고 인연 따라 변화를 이룬다. 오온이 공이고 공에서 인연 따라 생기는 존재인 우리들은 우리들의 실상을 알았으므로 온갖 고통에서 자유로울 수가 있어 마침내 아당안지를 얻을 수 있게 된다.

# 부처님 감사합니다

　내 나름대로 부처님에게 감사한 마음이 많아서 한번 살펴보고자 한다. 제일 큰 감사는 역시 부처님께서 발견하고 가르쳐주신 우주의 인연법이다. 만약에 내가 이 법을 만나지 못하고 어느 미개한 나라에 태어나서 그 나라 풍습에 따라서 산다면 아마 나는 어느 신에게 얽매여 살아가고 있을지도 모른다. 대개의 나라들은 그들만의 고유한 절대 신을 다 섬기고 있다. 사람들은 자연을 두려워하고 게으른 본성이 있기 때문에 의지하고 싶은 어린애 같은 마음이 생겨 나름대로 신을 만들어 섬기고 의지한다. 절대적인 신이 없는 민족이나 종족은 거의 없다고 본다. 아이러니컬하게도 부처님의 나라 인도에는 신의 숫자가 사람들 숫자보다 많다고 한다. 한 사람이 여러 신을 믿기 때문이다. 인도는 불교의 나라라고 알고 있지만 부처님이 계실 때와 그 후 몇 세기

　　　　　　　　　　　　찾았다 꾀꼬리

는 불교가 융성했지만 차차 줄어들어 지금은 힌두교가 81%, 이슬람교가 13%, 나머지가 그리스도교이고 불교는 거의 없다시피 하다.

왜 불교가 처음에는 융성하다가 차차 쇠퇴하게 되었을까 생각해보면 사람들의 마음이 얼마나 게으르고 의존적인지 알 수 있다. 처음에 부처님이 인연법을 설했을 때 모든 사람들, 특히 하위 계층의 사람들은 자기의 노력 여하에 따라 잘살 수 있을 거라 생각했고, 지배 계급층의 사람들도 좋은 인연을 지어 좋은 업을 쌓아야 내세에 복을 받는다고 생각했다. 그러다가 세월이 지나면서 노력하는 것보다는 무조건 절대 신을 믿고 따르면 복을 준다는 그 말에 현혹되어 불교는 쇠퇴하게 된다. 원래 인도는 부처님이 불법을 설하기 전까지는 힌두교를 믿는 나라였기 때문에 그리되었는지도 모른다. 우리나라도 불교가 전래되어 신라, 고려시대에는 불교가 융성하였지만 민간신앙은 그대로 유지되거나 불교에서 흡수하여 지금도 절에는 산신각이 있는 곳이 많다. 인연법을 제대로 잘 이해하고 잘 행하려면 노력이 많이 들고, 사람은 가끔 잘못을 저지를 수도 있는데 이미 저질러진 잘못은 신에게 빌고 노력은 안 해도 이루어졌으면 좋겠다는 생각에 소원도 빌고 한다. 그래서 우리 인간들의 마음에 게으름과 의존적인 생각과 두려움이 없어지지 않는 한 절대 종교에 점점 의존하게 되는 것이다.

사람들은 게으름과 탐욕이 자기를 망치게 하는 줄 알면서도 절제를 하지 못하기 때문에 오늘도 내일도 사서 고생하는 경우가 많다. 맛있다고 매일매일 실컷 먹고 비만이 되어 성인병에 걸려 온갖 고생을 하고 살 빼는 약을 먹기도 하는데 그 약이 효능이 있을지도 의문이지만 부작용이 없으리란 보장도 없다. 모든 것은 유기적으로 일어나는 게 인연법이고 우주의 섭리인데 그약이 인체에 어떤 해를 줄지는 아무도 모른다. 실제로 이전에 탈리도마이드라는 안정제를 먹고 팔다리가 없는 기형아가 수만 명태어났던 전 지구적 사건이 일어난 적이 있다. 많이 먹으면 살이찌는 것은 당연한 이치인데 그 이치도 모르는지, 아니면 먹고 싶은 걸 못 참아서 먹어대는지 생각해보고 먹도록 하자. 먹을 때도인과법을 생각하고 먹으면 절제를 할 수 있을 것이며, 영양소도골고루 섭취할 수 있다.

불교에서도 신은 있지만 그 신은 사람들과는 능력이 다르고하는 일이 다르다. 사람보다 더 신통력이 있고 재주가 비상하지만 그 신들도 깨달음을 성취한 성자 앞에서는 무릎을 꿇고 복종한다. 그 신이라는 존재는 여타 종교의 절대 신과는 다르다. 사람을 좌지우지하는 그러한 신이 아니고 자기가 해야 할 일이 있어서 존재하기 때문에, 신으로서 존재하는 인연이 다 하는 날 그신 역시 육도윤회의 길에 올라 무엇으로 태어날지 모른다고 하는 게 불교의 가르침이고 불교의 신이다.

그다음으로 감사한 마음은, 수행을 하면 누구나 부처가 될 수 있다는 가르침이다. 보통의 사람들이 부처가 될 가능성은 지극히 희박하지만 그래도 될 수 있다는 것을 부처님 자신이 증명하고 있으니 우리도 노력하면 될 수 있다는 가능성을 열어주셔서 얼마나 감사한지 모르겠다. 부처님 자신이 인간으로 태어났고 수행을 하여 부처를 이루시고 부처가 된 후에도 제자들과 함께 수행과 지도를 하고 함께 탁발하여 의식을 해결하고 인간으로의 삶의 면모를 그대로 보여주신 점이 너무 좋다. 연세가 팔순이 넘어서 제자들에게 하신 말씀은 여느 인간들과 하나도 다른 점이 없다는 게 너무 감격스럽다. "먼저 간 제자 사리불과 목건련이 너무 보고 싶구나. 나도 이제 늙어서 내 육신은 낡은 수레와 같다." 이와 같이 말씀하셨다니 보통의 할아버지와 꼭 같지 않은가. 더구나 돌아가실 적에는 춘다가 올린 상한 음식을 잡숫고(그 음식이 상한 것을 냄새를 맡고 아셨지만 이제는 갈 때가 되었음을 아시고 너무 오래 살면 사람들에게 장수에 대한 욕망을 심어줄까 봐 일부러 열반에 드시려고 하셨다는 이야기가 있다) 식중독으로 돌아가셨는데 우리들에게 몸으로 가르치시고 떠나셨으니 얼마나 위대한 가르침이며 얼마나 고마운 가르침인가. 부처를 이루고도 법을 전파하기 위하여 일반 사람과 다름없이 생을 영위하시며 어떻게 하면 중생의 고통을 덜어줄까 설하신 것이 팔만사천 법문이니 이 얼마나 고마운 가르침인가.

평생 설하신 모든 법은 우리 인간들이 행복하게 살아갈 수 있는 삶의 방법, 즉 마음과 행동을 어떻게 가지고 행해야 되는지를 가르쳐주신 것이고, 스스로 모범을 보이시고 가신 것이다. 우리 모두 부처가 될 수 있고, 부처로 살아갈 수 있음을 보여주신 부처님께 한없이 감사함을 드린다. 나무 석가모니불.

# 종교와 Religion

종교란 본래 불교를 나타내는 산스크리트 언어인데 중국에 불교가 전파되면서 본래의 의미와 유사한 단어를 만든 것이 종교란 단어가 된 것이다. 종교란 글자 그대로 근본이 되는 가르침, 즉 최고의 가르침이라는 뜻이다. 서양에서 종교의 의미는 신과 인간을 잇는다는 뜻을 가지고 사용되어왔는데, 서양의 religion에 관한 책을 일본의 학자가 번역할 때 동양의 개념에 딱 맞는 단어가 없어서 종교라고 번역을 해서 지금껏 사용되고 있다.

아마 그 학자는 성인으로 존경받는 분들이 한 말씀이니 같은 개념으로 보아도 무방하겠지 하는 생각으로 쓴 것 같지만 엄밀히 유추하면 전혀 개념이 다르다. 동양의 종교는 성인의 가르침이고, 서양의 religion은 신의 가르침을 뜻하며 신의 뜻에 따라야

함을 강조한다. 세계 4대 성인 중 석가모니와 공자는 불교와 유교를 창시하고, 예수와 마호메트는 하나님교와 이슬람교를 창시했다. 예수와 마호메트는 한 조상의 자손이고 하나님교의 하나님은 야훼 또는 여호아 또는 야웨라고도 하며 이슬람교의 알라신은 하나님의 이름인 야훼를 아랍어로 말할 때 알라라고 한다고 한다. 아브라함의 이복형제들 자손들이 자기 나라 말의 명칭으로 하나님을 야훼라고 또는 알라라고 부르면서 십자군 전쟁 이후로 지금까지 죽기 살기로 싸우는 걸 보면 동양의 종교인들은 이해를 할 수가 없다. 결국 인간은 자기중심적이며 육하원칙적 삶에 의존하는 존재에 불과하다는 생각을 금할 수가 없다.

불교를 폄하하는 사람들 중에서, 또는 불교를 제대로 이해하는 사람들 중에서 불교는 종교가 아니고 철학이라고 하는 사람들이 있다. 맞는 말일 수도 있고 틀린 말일 수도 있다. 철학이 무엇인가. 글자대로 말한다면 지혜를 사랑하는 것이란다. 지혜란 무엇인가. 인간의 머리에서 나온 온갖 지식과 생각을 의미한다. 지금까지 인류가 쌓아온 온갖 학문들이 다 철학의 범주에 속한다. 논리학, 심리학 등 온갖 인문과학들과 수학, 천체물리학 등 온갖 자연과학들 모두가 철학 속에 들어간다.

종교도 넓은 의미에서는 철학에 들어가고, 서양의 religion도 철학 속에 있다고 할 수 있다. 그러나 religion은 신과 인간 간의 연결을 떠나서는 생각할 수 없고, 인간은 신의 예속에서 벗어날 수 없다고 생각한다. 가르침이 그러하기 때문이다. 그러나 동양에서 본래 의미의 종교란 성자의 가르침이고 성자란 사람이며 도를 깨우치신 분, 즉 우주의 본질을 파악하신 분이다.

불교는 과학이라고 해도 전혀 틀린 말이 아니다. 인과가 바로 과학인 것이다. 원인 없는 결과는 없고, 결과에는 반드시 원인이 있기 때문이다. 인과는 관계다. 즉, 이것이 있으므로 저것이 있고 저것이 없어지면 이것도 없어진다. 즉, 모든 것은 서로의 관계 속에 생멸을 거듭한다. 극소의 세계든 극대의 우주든 그 속에 내재된 에너지의 상호 작용에 따라 한없이 변화해가는 게 우주의 본질이다. 인과법, 즉 인연법이 우주의 본성인 것이다.

석가의 가르침은 우주의 본질을 가르치고 있다. 불자의 대부분이 부처님을 신격화하고 소원을 빌고 가피를 얻고자 한다. 불교를 religion으로 생각하고 있다. 부처님은 신이 아니다. 성자, 즉 깨달음을 얻으신 분이다. 그러나 부처님께 빌어서 가피를 얻었다고 주장하는 분들이 있다. 신이 아니신데 어떻게 그러한 현상이 생길 수가 있단 말인가 하고 궁금해하시겠지만 이는 에너지의 장으로 이루어진 이 우주의 모든 존재가 다 나름대로의 고유한 에너지장을 가지고 있기 때문이다. 즉, 부처님의 에너지장은 한없이 크고 고유의 주파수가 있기 때문에 내 에너지장의 주파수가 부처님의 에너지장 주파수와 맞아서 상호 교감이 일어날 때 나타나는 현상이 바로 가피를 느끼고 입는 것이다. 그러므로 가피를 받는다는 것은 나의 지극정성한 소망의 마음 주파수가 부처님의 주파수와 맞았다는 걸 의미하므로 가피를 입고 못 입고는 온전히 정성을 다하는 나의 마음에 달린 것이다.

찾았다 꾀꼬리

# 찾았다 꾀꼬리

수행을 하는 목적은 '참 나'를 찾는 것이라고 하는데 어떤 선사는 '참 나'를 찾는다는 그 마음마저 버려야 된다고 한다. 목적을 가지는 순간 집착이 생기기 때문이라고 하니, 수행도 깨달음을 얻어야 한다는 마음도 집착이요 욕심이기 때문에 진정한 깨달음과는 거리가 멀다는 이야기다. 그러니까 생각으로 화두를 들지 말고 그냥 화두에 대한 의심에 몰두하여 화두에 침잠하여 화두와 내가 일치하는 순간 내 의식의 뚜껑이 단번에 모두 다 열리면서 의식의 무한 확장이 일어나고 모든 의심이 다 풀리고 지혜의 밝은 눈이 열리게 되는 순간을 득도라고 한다.

화두는 무수히 많은데 논리적으로 보면 무슨 뜻인지 모르는 게 대부분이다. 무슨 뜻인지도 이해가 안 되면서 몰입한다는 것은 앞에서 이야기한 셀프 가스라이팅을 하는 거라고 할 수 있고,

깨달음이 오는 현상은 의식의 뚜껑이 일시에 다 열리는 현상이라고 생각된다. 이렇게 이치적으로 생각해서 얻는 깨달음은 진정한 깨달음이 아니라고 깨달음을 얻은 선사들은 말한다. 그 진정한 깨달음은 깨달은 자만이 아는 경지고 필설로는 설명할 수 없는 경지란다. 그러한 경지는 법성게의 한 구절 '무명무상절일체 증지소지비여경'으로 표현되었다. 형언할 수 없는 경지고 오직 본인이 깨달아 아는 것 외에는 어떤 방법도 없다고 했다. 꿀맛을 진정으로 알려면 직접 먹어봐야 알지 설탕보다 더 달다는 말만 들어서는 모르는 것과 같은 이치라고 생각된다.

꾀꼬리가 날아가는 것을 보는 것과 잡아서 손에 쥐는 것은 다르겠지만, 어쨌거나 찾으려고 노력하다 보니 찾기는 했다고 자위하며 꾀꼬리 찾는 여정을 마칠까 한다. 내가 찾은 꾀꼬리는 바로 인연법이었다. 행여나 조용필 가왕께서 이 졸필을 일별할 기회가 와서 보고 난 후 공감한다면, 다음 생에 경봉스님을 다시 만나게 되어 꾀꼬리를 찾았다고 말씀드리면 껄껄 웃으시면서 등을 두드려주실지도 모른다고 주제넘은 생각을 해본다.

　앞에서 내 개인적 삶의 역사에 대하여 이야기하기는 쑥스러웠지만 할 수밖에 없었던 것은, 내가 어떻게 내가 되어갔는지 과정을 보여주어야만 내가 이 졸필을 쓰게 된 연유를 알릴 수 있지 않겠나 하는 생각에서다. 누구나 개인의 역사가 있고 그 역사가 형성되어가는 과정은 모두가 다 다르다. 모든 존재는 저마다 누리는 공간이 있고 시간이 있고 관계 속에서 살아간다. 즉, 나를 만들어가는 육하원칙적인 삶이 누구에게나 다 있기 때문이다. 지금의 나라는 존재의 생각과 행동은 다 지난날의 내가 있었기에 일어나는 현상에 지나지 않는다고 할 수 있겠다. 숱한 관계 속에서 내가 되어왔고, 내가 되고 있고, 내가 되어갈 것이다. 나를 이루는 모든 인연들에 의해 만들어진 총체적인 결과물이 바로 나다.

　모든 경험과 지식들이 닥치는 인연 따라 펼쳐지는 현상에는 말로는 설명이 안 되는 묘한 점도 있지만 그 역시 나비효과처럼 쉽게 알아챌 수는 없어도 다 나의 지난날 지은 인연에 영향을 받는다고 본다. 그러므로 우리는 태어나는 그날부터 언제나 최상의 인연을 지어야 최상의 결과가 나타난다는 인연법을 빨리 체득할수록 아름답고 행복한 삶을 살아갈 수 있다. 육하원칙의 삶에서 적어도 어떻게 살아야겠다는 것은 내가 정할 수 있고 행할 수 있기 때문에 자기 삶의 질은 자기에게 달려 있다고 하겠다.

사람은 습관적으로 살아가는 경우가 많다. 그러므로 좋은 습관을 만들어가고 나쁜 습관은 빨리 버려야 한다. 모든 것은 변화한다. 변화는 인연 때문에 일어나고 인연은 변화를 일으키기 때문에 변화는 끝없이 계속된다. 끝없는 변화 속에 나 자신도 끊임없이 변신을 해나가게 된다. 정신적인 면은 말할 것도 없지만 우리의 육신, 즉 이 몸을 구성하는 세포도 일 년이면 전부 새것으로 바뀐다고 한다. 항상 성찰하고 개선해나가야 한다. 지금의 이 생각과 행동이 최선일까, 더 낫고 더 좋은 방법은 무엇일까 탐구하고 연구해야 한다.

그러려면 알아야 한다. 모르고 짓는 죄가 알고 짓는 죄보다 크다는 불교의 가르침은 깊이 생각해볼 말이다. 돌이켜 보아서 그때 내가 이렇게 했으면 더 좋았을걸 하고 후회하는 것은 그 당시에 잘 알지 못했기 때문에 생긴 일이다. 그렇기 때문에 우리는 살아가는 한 항상 배우고 최상의 방법을 추구해야 덜 후회하는 삶이 될 것이다. 과거로 돌아가서 다시 시작해 지금의 나를 더 근사하게 만들 수는 없지만, 지금부터 살아가는 나를 더 훌륭하게 만들어가는 것은 지금부터의 내 노력 여하에 달려 있다. 현재의 나를 만들어가고 미래의 나를 만들어가는 모두가 나에게 달려 있다. 내가 해나가는 것이다. 더 나은 인연을 만들고 짓고 만나고 할 수 있는 그게 바로 나이기 때문이다.

불교의 인연법은 우주의 진리요, 우리 삶의 진리다. 깨달음이란 인연법을 체득하고 생활화하는 것이라 할 수 있다. 이 깨달음을 깊이 알고 실천하면 내 인격에서 편견과 선입견과 오만은 사라지고 감사와 겸손으로 충만하게 된다. 현재의 내 생활에 만족하거나 덜 만족하거나, 모두가 이 우주의 모든 존재들이 주고받고 하는 인연에 나도 참여하여 생긴 현상이라고 생각하면 감사와 겸손은 저절로 생긴다. 만족하는 삶도 내 탓이요, 만족하지 못한 삶도 다 내 탓이기 때문이라는 걸 알아야 한다. 그래야 개선도 있고 발전도 한다. 우리들 모두가 인연법을 확연히 깨달아 살아가면 여기가 바로 불국토가 된다.

불국토가 저 멀리 우주 어디에 있는 게 아니고 바로 내 마음 속에 있다. 내 마음에 불국토가 자리 잡고 있는 줄 알면 언제나 행복이 충만한 삶이 된다. 그곳에는 시공은 사라지고 행복에 충만한 나만 있을 뿐!

박재율